KB230713

만물아, 주를 찬양하라

내일을여는지식 종교 6

히/브/리/시/편/입/문

만물아, 주를 찬양하라

김태훈 · 이종록 · 채은하

한국학술정보(주)

· 머리말 ·

시편은 성경 중에서 가장 사랑받는 책이다. 시편은 공중예배에서 예배의 시작과 함께 낭송되고 온 회중들이 다함께 교독하며, 성도의 다양한 삶의 현실 속에서 늘 함께 있는 책이다. 시편을 낭독할 때 우리는 옛 성도의 삶을 마음속에 담게 되고 그들이 경험했던 하나님 앞으로 나아가게 된다. 또한 우리 역시 그들과 동일한 하나님을 만나고 음성을 듣고 어루만져주심을 경험하고 찬양하게 된다. 왜냐하면 시편은 옛 성도의 눈물과 환희와 함께 깊은 신앙고백이 담겨있는 책이며 오늘 우리에게 주어진 하나님의 말씀이기 때문이다.

그러나 시편은 그리 쉬운 책이 아니다. 오래 전에 기록된 만큼 우리와의 시간적 거리, 문화적 차이, 현대인이 경험할 수 없는 고대 이스라엘에서의 시편의 기능과 그들만의 특별한 상황과 익숙하지 않는 표현방법 등 낯선 요소들을 가지고 있다. 그러므로 시편을 보다 잘 이해하기 위해서는 고대의 시인과 현대의 독자 사이의 간격을 좁히는 일이 필요하다.

세 명의 공동 집필자들은 이 간격을 좁히기 위한 한 방편으로 포괄적인 시편 입문서를 집필하게 되었다. 이 입문서는 일차적으로 앞으로 목회현장에 나갈 신학도들을 위한 것이지만 전문적인 신학적 지식이나 배경이 꼭 있어야만 이해할 수 있는 것은 아니다. 시편을 사랑하고 묵상하고 힘을 얻는 일반 그리스도인들도 이 지침서를 통해 시편의 보다 깊은 세계를 체험할 수 있을 것이다.

이 책은 한일장신대학교의 연구비 지원에 의해 집필되었다. 정장복 총장님과 종합연구원, 이에 관계된 여러분들께 감사드린다. 마지막으로 이 책을 출판해 주신 한국학술정보(주) 사장님과 특히 교정을 해주신 윤옥화 님께 감사한다.

저자 일동

제 2 부　시편 주석의 예

약 어 표

ABD	Anchor Bible Dictionary
BAR	*Biblical Archaeological Review*
Bib	*Biblica*
BK	Biblischer Kommentar
BT	*The Bible Today*
CBQ	*Catholic Biblical Quarterly*
HTR	*Havard Theological Review*
ICC	International Critical Commentary
IDB	The Illustrated Bible Dictionary
JBL	*Journal of Biblical Literature*
JNES	Journal of Near Eastern Studies
JSS	*Journal of Semitic Studies*
JSOTSup	Journal for the Study of the Old Testament Supplement
OTL	Old Testament Library Commentary Series
SBLDS	Society of Biblical Literature Dissertation Series
TOTC	Tyndale Old Testament Commentaries
VT	*Vetus Testamentum*
WBC	Word Biblical Commentary
WTJ	*Westminster Theological Journal*

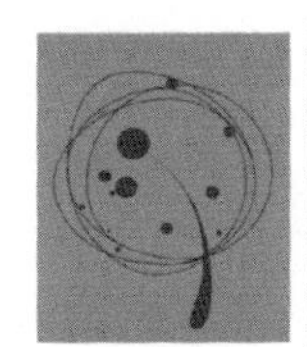

제1부
히브리 시편의 이해

Ⅰ. 정경에서 시편의 위치와 명칭

김태훈

A. 정경에서 시편의 위치

시편은 많은 시와 노래의 집합물로서 히브리 구약성경의 세 번째 부분인 성문서에 속한다. 성문서는 다양한 특색을 가진 책들로 이루어졌는데, 그것들은 시가서와 다섯 두루마리와[1] 이스라엘의 역사를 기록한 책들이다. 시가서에 속하는 책들은 욥기, 잠언, 시편이다.

---

1) 다섯 두루마리(Megilloth)는 유대인 다섯 주요 절기에 낭송한 책들로서 아가는 유월절, 룻기는 오순절, 전도서는 장막절, 에스더는 부림절, 애가는 압월 9일 예루살렘 파괴일을 기념하여 읽었다.

〈표 1〉 구약성경의 책들

히브리 구약성경 분류(24권)			한글 구약성경의 분류(39권)	
토 라 (5권)		창세기 출애굽기 레위기 민수기 신명기	창세기 출애굽기 레위기 민수기 신명기	율법서(모세오경) (5권)
예언서 (8권)	전기예언서 (4권)	여호수아 사사기 사무엘 열왕기	여호수아 사사기 룻 사무엘상 사무엘하 열왕기상 열왕기하 역대기상 역대기하 에스라 느헤미야 에스더	역사서 (12권)
	후기예언서 (4권)	이사야 예레미야 에스겔 12 예언자 　호세아 　요 엘 　아모스 　오바댜 　요 나 　미 가 　나 훔 　하박국 　스바냐 　학 개 　스가랴 　말라기	욥 시 편 잠 언 전도서 솔로몬의 아가	시가와 지혜문학 (5권)
성문서 (11권)	시가서(에메트) (3권)	시 편 욥 잠 언	이사야 예레미야 예레미야애가 에스겔 다니엘	대예언서 (4권)
	므길로트 (5권)	룻 솔로몬의 아가 전도서 예레미야 애가 에스더	호세아 요 엘 아모스 오바댜 요 나 미 가 나 훔 하박국 스바냐 학 개 스가랴 말라기	소예언서 (12권)
	기 타 (3권)	다니엘 에스라 – 느헤미야 역대기		

세 책들은 순서대로 <이욥>איוב, <므샬림>משלים, <트힐림>תהלים인데 유대인들은 시가서를 이 책들의 첫 글자를 모아 <에메트>אמת라고 부르기도 한다. 히브리어 성경과 한글 성경의 순서가 다르다. 히브리 성경에서 성문서의 첫 번째 책은 시편인데(참고. 눅 24:44), 한글 성경에서는 욥이 먼저 나오고 다음에 시편이 나온다.

B. 시편(집)의 명칭

현재의 시편집은 150개의 시편들을 수집해 놓은 책이다. 우리가 '시편'이라고 부르는 이 시편들의 집록은 전통에 따라 달리 불린다. 원래 개별 성경들은 제목 없이 기록되거나 수집된 것들이다. 예를 들어, 창세기, 출애굽기, 이사야, 마태복음 등은 책들이 완성된 이후에 붙여진 이름들이다. 마찬가지로 시편집도 처음에는 제목이 없는 시편들의 모음집이었다.

가장 오래된 히브리어 사본 단편들인 알렙포 사본(Codex Aleppo)과 레닌그라드 사본(Codex Leningradensis)에는 제목이 없다. 각 시편들이 자체의 제목을 가지고 있는데, 가장 많이 나오는 개별 제목은 <미즈모르>로서 모두 57개의 시편이 이 제목을 가진다. 뜻은 현악기 <자마르> 반주로 부르는 노래(시)이다. 예를 들어, 시 9편 표제 [다윗의 시]는 <미즈모르 르다윗>의 번역이다. 그러나 유대인들은 시편집을 전통적으로 <세페르 트힐림>, 즉 '찬양의 책'이라 부른다. <트힐림>은 우리에게 익숙한 <할렐루야>와 동근을 가진 명사 <트힐라>에서 나온 단어로 뜻은 '찬양들'이다.

그러나 <트힐라>는 여성형이므로 그 복수는 <트힐로트>가 되어야 한다. 유대인들이 시편집을 문법적 복수형 <트힐로트>가 아니라 남성 복수형 <트힐림>으로 부르는 것은 시편집이 일반적인 '노래들'의 모음집이 아니라 성전에서 사용되는 집록으로서의 '찬양가'를 나타내기 위해서였을 것이다.

영어성경에서 시편집의 이름은 (The Books of) Psalms 혹은 Psalter 이다. Psalms는 헬라어 성경의 시편집 제목인 <프살모이>Ψαλμοι를 음역한 단어이다. 단수형 <프살모스>는 앞에서 언급한 <미즈모르>의 번역이다. 헬라어 성경전통은 특별한 제목을 만들지 않고 개별 시편들의 제목 중 가장 많이 나오는 것을 취했다. 헬라어 성경을 보던 신약 시대의 신앙인들도 시편집을 <프살모이>라 불렀다 (예. 눅 20:42; 24:44; 행 1:20; 13:35; 엡 5:19). 주후 4세기 작품인 바티칸 사본(Codex Vaticanus)도 시편집을 Liber Psalmorum이라 제목 붙인다. Psalter는 <프살테리온>Ψαλτήριον을 음역한 것인데 주후 5세기 알렉산드리아 사본(Codex Alexandrianus)에서 사용된다. <프살모이>나 <프살테리온>이나 모두 히브리 단어 <미즈모르>를 헬라어 단어로 번역한 것으로 현악기 반주에 맞춘 노래를 뜻한다. 그 외 히브리 명칭과 헬라어 명칭을 함께 붙여 만든 제목도 발견된다. 예를 들면, 주후 1세기의 히에로솔리미타누스 사본(Codex Hierosolymitanus)에는 히브리 제목 <세페르 트힐림>(찬양서)과 <프살테리온>이 함께 붙은 <스페르텔림 프살테리온>이 나온다.[2]

한글 성경은 이 책을 시편(詩篇)이라 부르는데, 이는 시들을 모

---

2) Klaus Seybold, *Die Psalmen*, 이군호 역, 『시편입문』 (서울: 대한기독교서회, 1995), 10.

아 놓은 책이란 뜻이다. 시편은 히브리 전통의 '찬양가'와도 다르고 현악기 반주를 뜻하는 <프살모스> 혹은 <프살테리온>과도 다르다. 현재는 본문만 전해지고 있고, 또 신앙인들에게 의미를 주는 것이 본문 자체이므로 '시를 모아놓은 책'(시편)으로도 볼 수 있다.

Ⅱ. 시편 연구사

채은하

시편 연구에 대한 역사 연구는 시편의 보다 깊은 이해와 해석에 필수적이다. 시편의 연구 역사는 대체로 1920년대 이전과 1920-1970년대와 그 이후로 나누어 볼 수 있다. 시편 연구사를 시대별로 다루는 것은 각 시대에 드러난 시편 연구의 특징을 염두에 두기 때문이다.

A. 1920년 이전 시대

지난 19세기와 20세기 초, 시편 연구는 시편 본문의 재구성을 위한 역사 비평적 방법과 그것을 기초로 한 이스라엘의 역사와 종교에 집중되었다. 이 시대, 가장 두드러진 시편 연구의 주요 과제는 각 시편의 저자와 연대 측정에 있었다. 이를테면 각 시편의 저자와 그의 개인적 상황이나 역사적 배경을 얻기 위한 단서들을 찾는 일이었다. 시편에서 자주 언급되는 질병이나 억압이나 적들과 같은 상황을 이스라엘의 실제적인 역사적 상황에 맞추려고 노력하였던 것이다. 예를 들면 시편 6편의 질병은 욥의 고통으로, 시편 47편과 48편의 예루살렘 공격은 앗시리아 제국의 산헤립의 유대 침략으로 이해하고 그런 관점에서 이 시편들을 해석하였던 것이다.[3] 시편의 연대 측정에 있어서 대표적인 학자 둠(B. Duhm)은 1899년에 발간된 그의 시편 주석서에서 대부분의 시편이 마카비 시대의 것임을 입증하려고 노력했다. 그는 시편의 대부분이 페르시아 시대에 저작되었다고 주장하며, 한 예로 시편 137편은 바벨론 포로 시대 이후의 것으로 간주했다. 둠이 시편의 연대를 포로 후기로 둔 이유들은 다음과 같다:

1) 시편이 하나님과 인간 사이의 관계를 강조한 것은 이스라엘의 종교가 제의 제도와 의식들로부터 자유로워진 경향이 반영되었기 때문이다.
2) 전쟁과 불신앙적인 사람들에 의한 시인의 고통이 자주 언급되는 것은 주전 1세기 하스모니안 왕조 시대의 역사적 상황이 반영된 것이다. 둠은 시편 기자들은 주전 2세기 안티오쿠스 에피파네스에 대항하여 봉기했던 하시딤 (Hasidim) 집단을 형성했던 보다 경건한 공동체를 대표하는 것으로 믿고 있다.
3) 많은 시편에서 언급되는 여호와의 기름부음을 받은 자들은 마카비의 왕자들을 가리킨다.[4]

이런 이유들 때문에 둠은 시편의 연대를 포로 후기의 것으로 두고 있다. 하지만 실제로 시편의 언어는 페르시아 이후만이 아니라 어느 시대를 막론하고 여러 역사적 상황들에 적용가능할 만큼 일반적이다. 따라서 각 시편과 어느 특정한 역사적 사건과의 연결을

---

3) C. Keil and F. Delitzsch, *Commentary on the Old Testament*, vol.5. *Psalms*, 『시편』 상(서울: 기독교문화출판사, 1987), 58 – 74.
4) W. Bellinger, Jr., *Psalms: Reading and Studying the Book of Praises* (Massachusetts, Hendrickson Publishers, 1992), 16 – 17.

구하기가 쉽지 않기에 시편의 연대를 포로 후기의 것으로 고정한다면 더 많은 문제가 야기될 수 있다. 때문에 지난 세기 시편 연구의 역사적 비평의 방법과 그것을 통한 시편의 연대 측정과 저자 연구는 그리 성공적이지 못했다는 평가를 받고 있다.5)

한편 커크패트릭(A. F. Kirkpatrick)은 많은 시편들의 기원을 보다 초기, 즉 포로 이전으로 주장하지만 시편의 최종 모음은 주전 2세기 마카비 시대에 완성되었다고 보고 있다.6) 그러나 그는 역사적 인물인 다윗의 시편 저작을 인정하였고 여호와의 기름부음을 받은 자를 언급하는 시편들을 왕정 시대에 유다를 통치하던 왕들의 저작으로 간주하였다. 그러기에 그는 시편 전체가 마카비 시대의 경건과 종교적 갈등을 표현한 것으로 받아들일 수 없다고 강조했다.

이처럼 1920년대 이전의 시편 연구는 주로 역사 비평적 방법에 따라 시편의 연대와 구체적 역사적 정황을 찾아내는 데 주력하였으나 결과는 그리 성공적이지 못했다.

B. 1920 - 1970년대

이 시대의 시편 연구는 궁켈과 모빙켈의 독무대라 할 수 있는데 이들의 등장과 함께 시편 연구는 새로운 전환점을 맞게 되었다. 이들은 역사 비평에 기초한 기존의 시편 연구들이 지극히 자의적

---

5) 위의 책, 15 - 16.

6) A. Kirkpatrick, *The Book of Psalms* (Cambridge: At the University Press, 1902), xxxix - lix.

이고 편협하고 감정적이라고 여기고 초기의 학자들이 놓쳤던 객관적이고 분명하고 논리적인 방법을 추구하면서 시편과 예배 사이의 밀접한 관계에 주력하기 시작했다.[7]

먼저 궁켈(H. Gunkel)은 1904년 시편 연구를 시작한 이래 1926년에 시편 전체의 주석서를 출판하였다. 그러나 이 주석서의 서론은 1932년 궁켈이 죽은 다음 해에 가서야 그의 친구이며 제자인 베크리히(J. Begrich)에 의하여 완성되었고 이 책은 시편 연구의 고전이 되었다. 궁켈의 가장 큰 공헌은 시편 연구의 기초가 된 시편 분류에 있었다. 그의 저서 『시편』에서 그는 모든 시편들을 유형에 따라 찬양시, 탄원시(개인, 집단), 감사시(개인, 집단), 제왕시 등으로 분류하였다.[8] 그의 이 같은 시편 분류는 시편의 장르와 구조와 언어와 종교적 색채를 기준으로 한 것이었다. 궁켈의 요지는 시편 유형들의 삶의 자리는 고대 이스라엘의 예배에서 유래되었음을 강조하는 것이었고, 그의 시편 유형과 예배와의 관계 강조는 시편을 해석하는 데 중요한 출발점이 되었다. 그는 시편에 기록된 시들의 구전 기원을 밝히고 고대 근동의 문학적 문화적 배경에서의 시편 연구의 중요성을 강조했다. 그는 찬양시 혹은 탄원시의 일인칭 '나'는 공동체가 아니라 개인을 표현하는 것으로 여겼다.[9]

시편의 양식 비평을 개척하고 이에 따라 이스라엘의 예배와 영

---

7) Bellinger, *Psalms*, 17 - 18.

8) H. Gunkel, *Psalms* (Mercer University Press, 1998); 같은 저자, *The Psalms: A Form - Critical Introduction* (Philadelphia: Fortress Press, 1967). 그 외에도 순례의 노래, 지혜시, 공동의 감사의 노래와 제의시가 있다. 영원한 도움 성서연구소 편, 『시서와 지혜서』 (서울: 성서와 함께, 2007), 87.

9) R. E. Clements, *A Century of Old Testament Study*, 강성렬, 문동학 역, 『구약성서해석사』 (서울: 나눔사, 1988), 148.

성(spirituality)의 관계를 통해 시편을 이해하는 새로운 가능성을 보여 준 궁켈은 현재까지도 시편 연구에 막대한 영향을 끼치고 있다.

한편 궁켈의 제자 모빙켈(S. Mowinckel)은 1921 – 1924년 동안 『시편 연구』 1 – 4를 출간했다. 그는 궁켈의 연구를 바탕으로 극소수의 예외를 제외하고 현재 보존된 시편은 처음부터 제의에 사용되기 위한 목적으로 저작되었다고 주장했다. 궁켈이 주로 예언자들을 선도자로, 시편 기자들은 그의 추종자로 여겼던 것에 반해 모빙켈은 시편 기자들이 이스라엘의 초기 제의 가운데 성행했던 사상, 언어, 종교적 형태들을 진술했으며, 예언자들이 오히려 이것들을 채택하여 새로운 상황에 적용시켰던 것으로 여겼다.[10] 모빙켈은 시편 유형이 예배에서 유래되었을 뿐만 아니라 우리 시편의 대부분은 예배에 사용되기 위해 저작되었다고 주장했다.[11] 그는 시편의 예배 활동을 말하고 그러한 언급을 단지 '시적인 상상'(poetic fiction)이 아닌 '현실'로 이해했다. 그는 시편은 고대 이스라엘의 살아있는 예배의 일부로 그 배경을 이해하려고 노력했다. 궁켈은 시편의 유형을 분류한 반면 모빙켈은 그의 이론을 통해 예배에 사용된 시편을 분석했다. 결과적으로 그는 개인의 종교와 집단의 종교는 서로 배타적인 것이 아니라 서로 하나(one and the same)라고 보았다. 모빙켈은 각 시편에서 다음과 같은 질문을 던졌다: 각 시편이 어떤 축제에 사용되었는가?; 도움을 구하는 시편은 어떤 제의에서 나왔는가?; 시편은 고대의 이스라엘 예배에서 어떤 기능을 갖

---

10) 위의 책, 152.

11) Sigmund Mowinckel, *The Psalms in Israel's Worship I* (Nashville: Abingdon, 1962), 12 – 22.

고 있는가?[12]

　이런 질문들에서 보듯이 모빙켈의 연구 방법은 '제의 기능적'이라고 표현될 수 있다. 여기에서 제의(cult)란 성전에서 행해진 고대 이스라엘의 조직된 예배를 가리킨다. 모빙켈은 시편들이 각 상황에서 어떻게 기능하는지를 발견하려고 노력했는데, 그것은 예배가 구약의 종교에서 중요한 자리를 차지하고 있기 때문이었다. 그는 제의야말로 이스라엘 신앙의 중심이고 시편을 해석하는 데 필수불가결한 요소로써 고대 이스라엘의 예배는 공동체의 신앙 역사와 연결되었다고 보았다. 예배 참석자들은 예배를 통해 이스라엘 백성의 신앙 역사를 기억했다. 그는 고대 이스라엘의 신앙 전통을 기억하는 일을 제의의 중요한 이유라고 생각하였다.[13] 때문에 그는 시편의 대부분이 포로 이전 예루살렘 성전에서 나왔고, 그 성전 예배에서 사용되었다고 보고 있다.[14] 모빙켈은 이러한 많은 시편들이 초기 이스라엘의 신년 축제에 사용하기 위하여 저작되었다고 주장했다. 신년 축제는 가을에 행해지는 것으로 여호와를 왕으로 찬양하며 그를 우주의 보좌로 다시 고양시키는 행사였다.

　시편 연구는 궁켈과 모빙켈 이후에도 여전히 이 두 사람의 학설을 바탕으로 논의되고 있다. 바이저(A. Weiser) 역시 이들의 연구 결과를 바탕으로 대부분의 시편은 제의에 사용하기 위하여 저작되었으며 특히 가을 축제는 계약 갱신 축제의 성격을 지니고 있다고 주장하고 있다.[15] 바이저가 많은 시편들을 계약 갱신제의와 연결

---

12) 위의 책, 12－15; Bellinger, *Psalms*, 24.

13) Mowinckel, *The Psalms in Israel's Worship I*, 15－22.

14) 위의 책.

하듯이 크라우스(H. J. Kraus) 역시 가을 축제를 일차적으로 시온 찬양시와 제왕시와 연결시키고 있다.[16] 그는 가을 축제를 제왕적 시온 축제로 간주했는데, 이것은 다윗 왕조의 건립을 축하하며 언약궤의 장소와 성전의 입지로 시온산의 선택을 축하하는 행사였다고 주장했다. 바이저와 마찬가지로 크라우스 역시 여호와 대관식에 대한 찬양시를 성격상 종말론적인 것과 제2이사야의 설교에 의존된 것으로 간주했다.

C. 1970년대 이후

1970년대 이후 시편 연구의 가장 중요한 변화는 연구의 패러다임이 새롭게 변하고 있다는 것과 개별적인 시편이 아닌 한 책으로서의 시편 연구에 집중되고 있다는 것이다. 최근까지 시편은 각기 연관성이 없는 다양한 시편들이 느슨하게 묶인 모음집으로 취급되어 왔다. 이것은 시편이 문학적이거나 정경적인 차원이 아닌 제의적인 관련성에서 이뤄졌다는 점에 강조를 두었기 때문이었다. 그러나 오늘날 시편 연구의 주요 관심은 하나의 책으로서의 시편, 다시 말해 시편의 구조와 메시지와 짜임새가 있는 문학적이고 정경적인 실체로 시편의 구조와 편집적 통일성과 전체 메시지에 관심을 두고 있다. 그리고 개별 시편들이 전체의 시편과 어떻게 어울리는지에

---

15) A. Weiser, *The Psalms*, OTL (London: SCM, 1971).

16) H-J. Kraus, *Psalms 1-59: a Continental Commentary* (Minneapolis: Fortress press, 1993); 같은 저자, *Psalms 60-150: a Continental Commentary* (Minneapolis: Fortress press, 1993).

대해 주의가 모아지고 있다.[17] 현재 시편 연구의 이런 변화에서 이루어지고 있는 몇몇의 특징적인 변화들을 찾아보고자 한다.

1. 정경 비평적 연구

이 연구의 대표적인 학자는 차일즈(B. Childs)이다.[18] 그는 성경의 정경적 상황과 해석의 과정을 연결시키고 있다. 차일즈는 공동체가 시편 본문을 어떻게 정경으로 확정하였는지에 관심을 두고 있다. 하나님에 응답하는 인간의 언어들은 하나님의 말씀이 되었고 인간에게 교훈을 주고 있다. 그는 시편의 기원과 구약성경에 포함된 정경 본문 사이에 어떤 일이 일어났는지에 관한 물음을 제기한 바 있다. 두 가지 문제가 중심적으로 다루어졌다: 1) 신앙 공동체는 자신의 요구에 따라 시편을 어떻게 형성했는가?; 2) 시편은 어떻게 한 책으로 모아졌는가? 이 두 문제들은 시편의 편집과 관련이 있다. 시편은 공동체를 강조하고 포로들의 영향과 미래의 희망을 담아 보편적인 언어를 사용하고 있기 때문에 여러 다른 상황들에 적용될 수 있다는 것이다. 이렇게 시편 언어의 보편화는 성전 제의가 끝난 후 시편을 사용하는 공동체의 재해석의 일부가 되었다.[19]

책으로서의 시편을 연구하는 세밀한 방법론적 기초를 제공한 사람으로서 윌슨(G. Wilson)이 있다. 그는 1981년 『히브리 시편 편집』에서 시편의 최종 형태에 대해 관심을 쏟았다.[20] 시편은 토라 시

---

17) 차준희, 『시편 신앙과의 만남』 (대한기독교서회, 2004), 237.

18) B. S. Childs, *Introduction to the Old Testament as Scripture* (Philadelphia: Fortress Press, 1979), 504 – 25.

19) Bellinger, *Psalms*, 28 – 29.

편 1편에서 시작하여, 시편 146편부터 150편까지 할렐루야 시의 묶음에서 끝이 난다. 시편의 시작은 독자들에게 토라를 명상할 것을 지시한다. 이런 배치는 시편 자체를 토라로 여겨야 한다는 점을 강조한 것이다. 시편은 토라처럼 공부하고 묵상해야 하는 것이지 단지 연주하거나 예배 때 사용하기 위한 것이 아니라는 것이다.

최근에 시편을 전체적으로 다룬 또 다른 책은 미첼(D. Mitchell)의 『시편의 메시지』이다.[21] 그는 시편을 종말론적으로 읽지 않고 역사적으로 접근한 것(예를 들어, 시편을 포로기 이전과 포로기 이후의 상황과 결부시키려 한 점)을 비판한다. 대신 그는 시편을 개별적으로 살펴보고, 그 시들이 이스라엘의 종말론적 구속 계획에 대하여 가질 수 있는 연관성을 탐구하고 있다(시 2, 45, 69, 72, 82, 83, 87 - 92, 95, 109, 110, 113 - 118, 120 - 134). 그는 시편을 통일성 있는 수집물로 여기고 역사적으로 접근할 것이 아니라 종말론적으로 해석해야 한다고 주장한다. 그에 따르면 시편의 종말론적인 접근이란 역사적 시간을 뛰어넘는 것이다. 그는 시편에서 '메시아' 주제야말로 시편을 수집하고 편집한 목적의 핵심이라고 말한다.

전체 시편의 윤곽에 대해 충분히 다룬 마지막 책은 월퍼드(N. L. deClaisse - Walford)의 『처음부터 읽기』이다.[22] 그녀는 샌더스(J. Sanders)

---

20) G. Wilson, *The Editing of the Hebrew Psalter*, SBLDS 76 (Chico, Calif.: Scholars Press, 1985).

21) D. Mitchell, *The Message of the Psalter: An Eschatological Programme in the Book of Psalms* (Sheffield: JSOT press, 1997), 15 - 65.

22) N. L. deClasisse - Walford, *Reading from the Beginning: The Shaping of the Hebrew Psalter* (Macon, Ga.: Mercer University Press, 1997).

가 주장하는 정경 비평을 수용하면서 시편의 최종적 형태가 갖고 있는 정경적 기능을 문제 삼고 있다. 그녀는 시편이 포로 시대 이후의 유대 공동체를 위해 두 가지 목적으로 사용되었는데, 첫째는 예식과 축제에 사용하는 자료집이고, 둘째는 이스라엘의 이야기의 보고로 공적인 자리에서 읽혀졌다고 한다. 그렇게 될 때 시편은 이스라엘을 여호와를 왕으로 모신 하나의 국가로 만드는 기능을 갖게 된다.

1970년 이후 시편 연구에 상당한 변화를 일으킨 또 다른 영역은 히브리 시의 언어학적 연구와 문학적인 연구와 해석학적 연구이다.

2. 언어학적 연구

1970년대 후반과 1980년 초에 히브리 시를 언어학적인 방법으로 특히 구문론적인 관점에서 설명하는 연구가 등장하게 되었다. 오코너(M. O'Connor)가 그의 『히브리 시 구조』에서 히브리 시를 구문론적 유형의 관점에서 설명할 것을 강력히 제안하며 히브리 시 구조를 발표하였다.[23] 그는 박자, 리듬, 평행법이 히브리 시의 특징이 아니라 구문론적인 제약이라고 보았고 히브리어와 우가릿어가 같은 특징을 지니고 있다고 주장한다. 그의 연구는 언어의 구문론적인 기반에 대한 관심의 문을 열었다는 평가를 받고 있다.

콜린즈(T. Collins)도 『히브리 시의 행 양식』에서 히브리 시를 구문론적으로 연구했다.[24] 그는 시에 나타난 다양한 의미(음성학적,

---

23) M. O'Connor, *Hebrew Verse Structure* (Winona Lake, Ind.: Eisenbrauns, 1980), 48-49, 52-53.

24) T. Collins, *Line-Forms in Hebrew Poetry: A Grammatical Approach to the Stylistic*

구문론적, 의미론적)에 대해 말한다. 그리고 그는 시의 심층구조와 구문론적 유형에 관한 지식 없이는 시편을 온전히 이해할 수 없다고 지적한다. 나아가 벌린(Adele Berlin)은 그녀의 『성경 평행법의 역동성』에서 시편의 평행법이 언어적 현상임을 강조하고 있다.[25] 그리고 그녀는 히브리 시의 평행법과 간결함이 시편 본문에서 중요하다고 주장한다.

3. 문학적 연구

히브리 시를 문학적으로 접근하려는 시도들이 1980년대 이래로 등장했다. 쿠겔(J. Kugel), 알터(R. Alter), 피쉬(H. Fisch), 쇠켈(L. A. Schökel) 등의 학자들의 연구가 여기에 속한다. 이들은 문학적인 접근법에서는 개별 시편들이 전체적으로 통일성을 갖고 있는 것으로 간주하고 시의 예술적인 차원에 관심을 돌리고 있다. 이 접근 방식의 최대 강점은 시의 기계적인 구조만이 아니라 시의 예술적 측면을 강조한다는 점이다.

쿠겔은 그의 『성경 시의 개념』에서 평행법의 특성을 다루고 있다.[26] 그는 시의 기초 단위는 짝을 이룬 행, 또는 대구라고 말한다. 쿠겔

Study of the Hebrew Prophets,' StPohl: Series Major 7 (Rome: Pontifical Biblical Institute, 1978); 같은 저자, "Line-Forms in Hebrew Poetry," *JSS* 23 (1978), 228-44.

25) A. Berlin, *The Dynamics of Biblical Parallelism* (Bloomington: Indiana University Press, 1985).

26) J. Kugel, *The Idea of Biblical Poetry: Parallelism and Its History* (New Haven: Yale University Press, 1981); 같은 저자, "Some thoughts on Future Research into Biblical Style: Addenda to The Idea of Biblical Poetry," *JSOT* 28 (1984), 107-17.

의 커다란 장점은 A행과 B행 사이의 관계를 설명한 것이고 단순히 A행과 B행을 동의어로 생각하는 개념을 깨뜨린 것이다. 알터는 『성경 시의 예술』에서 평행법의 역동성을,[27] 쇠켈은 『히브리 시 안내서』에서 히브리 시를 예술 양식으로 강조하였다.[28] 쇠켈은 성경을 문학적으로 읽고 있는데, 그의 논의는 평행법, 소리와 리듬, 동의, 반복, 분열, 대조, 극단적 표현, 심상, 말의 특징 등을 포함하고 있으며, 시를 문학적으로 읽는 것의 가치를 구체적이고 읽기 쉽게 제시하고 있다. 피쉬의 『목적을 가진 시』는 성경의 시와 다른 문헌들을 문학적인 눈으로 읽을 것을 강조하고 있으며 그것의 풍부한 예술적 장치들을 드러내고 있다.[29] 성경은 문학적인 수준에서 접근할 수 있는 미학적인 문헌이며 동시에 종교적 문헌이다. 성경 기자는 분명히 자신의 문학적 기교를 사용하면서 독자들에게 성경을 문학적인 것과 아울러 신학적으로 읽을 것을 요구하고 있다.

4. 해석학적 연구

최근의 시편 연구는 하나의 시편을 다양한 방법으로 접근하는 경향이 있다. 베리(D. Berry)는 『시편과 그의 독자』에서 시편 18편에 여러 비평적 방법론 - 본문 비평, 구조 비평, 양식 비평, 수사학적 비평, 독자중심 비평 - 을 적용하여 각 방법론의 가치를 보여

---

27) R. Alter, *The Art of Biblical Poetry* (New York: Basic, 1985).

28) L. A. Schökel, *A Manual of Hebrew Poetics* (Rome: Pontifical Biblical Institute, 1998).

29) Harold Fisch, *Poetry with a Purpose: Biblical Poetics and Interpretation* (Bloomington: Indiana University Press, 1988).

주고 있다.30) 그의 관심은 독자중심의 비평을 통해 시편을 20세기의 상황에 맞게 적용할 수 있는가에 집중되어 있다. 벨링거(W. Bellinger Jr.)는 『호기심의 해석학과 시편 61편 읽기』에서 양식 비평, 정경 비평, 수사학적 비평, 독자반응 비평을 활용하며 신학적 분석으로 마무리 짓고 있다.31) 그의 호기심의 해석학은 텍스트가 독자들의 호기심을 불러일으켜 질문하고 탐구하도록 이끌며 독자는 모든 가능한 방식을 사용하여 접근할 것을 요구하고 있다.

레빈(H. Levine)의 『하나님께 새로운 노래를 불러라』는 이론적인 접근 방법을 사용하고 있다.32) 그는 하나의 시편에 집중하지 않으며 여러 분야의 학문을 동원하여 시편의 권위를, 즉 시편이 오늘날의 세속적인 문화와 종교적인 상황 속에서도 충분히 사용될 수 있음을 보여 주어야 한다고 주장한다. 그는 시편을 제대로 이해하기 위한 방법으로 역사학, 인류학, 언어철학, 종교현상학, 문학이론, 2차 세계 대전 이후의 성경 해석까지 동원하고 있다.

시편 연구에서 사회적이고 해방적인 접근 방법도 사용되고 있다. 페인즈(J. Peins)는 『시편: 비극, 희망, 정의의 노래』에서 '정의의 시'를 말하고 있다.33) 그는 사회정치적 주제인 정의, 자비, 희망에 주의를 기울이면서 시편 안의 양식 비평의 대상인 다양한 장르들을 분석한다. 페인즈와 같은 관점에서 라이드(S. Reid)는 『경청하기:

---

30) D. Berry, *The Psalms and Their Readers* (Sheffield: Sheffield Academic Press, 1993).

31) W. Bellinger Jr., *A Hermeneutic of Curiosity and Reading of Ps. 61* (Macon, Ga.: Mercer University Press, 1995); 같은 저자, "Psalm xxvi: A Test of Method," *VT* 43(1993), 452-61.

32) H. Levine *Sing unto God a New Song* (Indianapolis: Indiana University Press, 1995).

33) J. Peins *The Psalms: Songs of Tragedy, Hope and Justice* (Maryknoll, N.Y.: Orbis, 1993).

시편에 대한 다문화적 읽기』를 저작했는데 그는 이 책에서 가난한 자와 이방인이 주변으로 밀려나는 현상을 다룬다.[34] 그는 소외된 자들을 위한 시편 읽기에서 시편의 매력과 제 3세계로부터의 통찰을 빌어 시편이 현대 사회에 대해 어떻게 말하고 있는지 보여 주고 있다. 브루그만(W. Brueggemann)의 『이스라엘의 찬양』도 가난한 자와 억압받는 자에게 관심을 기울인 독특한 작품이다.[35] 그는 이 책에서 하나님께 대한 찬양이 믿음의 삶에 기초를 이루고 있으며 찬양은 반드시, '여기 그리고 지금', 즉 현실적 삶에 견고히 뿌리를 내려야 한다고 주장한다. 그의 또 다른 저서『지속되는 놀라움』에서 브루그만은 몇몇의 역사적인 시편(78, 105, 106, 136)을 다루면서 세계의 형성에 대해 다시 이야기하고 있다.[36] 또한 『시편과 믿음의 삶』은 1974년부터 1993년까지 그가 저술한 14개의 에세이를 모은 것인데 그는 '시편과 믿음의 삶'이라는 초기의 논문과 그와 유사하게 사회학적 관점에서 기술된 여러 편의 논문을 포함하고 있다.[37]

5. 양식 비평적 연구

궁켈의 영향은 100년이 지났어도 시편 연구에서 아직도 유효하다. 궁켈의 방법론으로 연구되고 있는 연구서 가운데 게르스텐버거

---

34) S. B. Reid *Listening In: A Multicultural Reading of the Psalms* (Nashville: Abingdon, 1997).

35) W. Brueggemann, *Israel's Praise: Doxology against Idolatry and Ideology* (Philadelphia: Fortress, 1988).

36) W. Brueggemann, *Abiding Astonishment* (Louisville: Westminster/John Knox, 1991).

37) W. Brueggemann *The Psalms and the Life of Faith* (Minneapolis: Fortress, 1995).

(E. Gerstenberger)가 양식 비평적 방법으로 저작 『시편 1부: 제의적한 시편의 개론』은 궁켈의 논의를 다듬은 저서이다.[38] 그는 궁켈의 분류법을 따르고 있지만 시편의 사회적 배경에 대해, 특히 내부 그룹과 외부 그룹의 역동성에 대해서도 관심을 기울이고 있다. 그는 많은 시편이 중앙 성소나 유명한 지혜 학교와 같은 내부 그룹이 아니라 소규모의 유기적인 가족, 이웃, 공동체와 같은 외부 그룹의 배경에서 나왔다고 주장한다. 그러므로 많은 시편은 기원이나 기능의 측면에서 볼 때 제의적 성격이 없으며 예배와도 관련이 없다고 결론짓고 있다.

양식 비평의 한 유형인 탄원시는 여러 해 동안 많은 학문적인 관심을 불러 일으켰으며 그것에 대한 양식 비평적 연구는 아직도 계속되고 있다. 베스터만(C. Westermann)의 『시편에 나타난 찬양과 탄식』에서 히브리어에서 '감사하다' – 보통 감사하다는 말이 나와야 할 상황에서 쓰이는 단어는 오히려 축복하다 – 에 해당하는 단어가 없으며 그렇기에 히브리어에서 감사(toda)로 번역되는 단어는 실은 '찬양'을 의미하는 말로 이해되어야 한다고 주장한다.[39] 그러므로 찬양시와 감사시를 구분하는 것은 잘못되었다고 주장한다.

시편을 개인에 초점을 맞춘 연구들도 있다. 크로프트(S. Croft)는 『시편에 나타나는 개인의 정체성』에서 시편에서 자주 제기되는 질문인 개인의 정체성에 관한 문제를 다룬다.[40] 그는 일인칭 화자

---

38) E. Gerstenberger, *Psalms, part I: With an Introduction to Cultic Poetry* (Grand Rapids: Eerdmans, 1998).

39) C. Westermann, *Praise and Lament in the Psalms* (Atlanta: John Knox, 1981).

40) S. Croft, *Identity of the Individual in the Psalms* (Sheffield: JSOT Press, 1987).

('나')가 나타나는 96개의 시편에서 '나'는 제의 예언자, 지혜 교사 또는 성전 성가대든 아니든, 왕일 수도 있고, 한 개인이거나 혹은 제의 집행자일 수 있다고 주장한다. 하지만 이 관심은 여전히 연구되어야 할 문제로 남아 있다.

위에서 살펴보았듯이 1970년대 이후 시편 연구의 대표적인 특징은 다음과 같이 요약될 수 있다: 1) 시편 해석의 패러다임의 한 변화로 시편을 하나의 책으로서 대하는 경향이 더욱 강화되고 있다; 2) 히브리 시를 구문론의 입장에서 읽는 경향이 짙어지고 있다; 3) 개별 시편과 시편의 유형에 대한 접근법이 급격히 다양화되고 있다. 그러나 결과적으로 시편 연구의 다양성이 갖고 있는 문제는 접근법이 너무 세분화되고 있다는 점이다. 왜냐하면 시편에 대한 개별 접근법은 히브리 시를 해석하는 과정에서 견제와 균형의 원리가 어긋나기 때문이다. 어쨌든 시편 연구의 서로 다른 많은 접근 방법들은 우리가 살고 있는 오늘날의 현상을 표현하는 후기 현대주의 시대의 분위기를 반영하듯이 다양하고 폭넓게 이루어지고 있다.

Ⅲ. 시편의 구조

김태훈

A. 시편의 수와 장 구분

시편은 150편의 시들로 이루어져 있다. 150이란 숫자는 일 년을 50주로 계산하여 3년간 읽기 위해서였을 것이다.[41] 칠십인역 성경에는 151번째의 시가 있으나 히브리성경들과 불가타 역본에서는 발견되지 않는다.[42] 히브리 성경과 칠십인역 성경은 151편을 제외하면 150편이라는 수에서는 일치하지만 장 매김은 약간의 차이를 보인다.

MT	LXX과 Vulgata
1 - 8	1 - 8
9	9:1 - 21
10	9:22 - 39
11 - 113	10 - 112

---

41) 김정우, 『시편주석』 I (서울: 총신대학교출판부, 2005), 25.

42) 이 보충시편은 쿰란 텍스트에서 나옴. 자세한 것은 J. A. Sanders, *The Psalms Scroll of Qumran Cave 11* (11Q Psa) (Oxford, 1965)를 보라.

MT	LXX과 Vulgata
114	113:1-8
115	113:9-26
116:1-9	114
116:10-19	115
117-146	116-145
147:1-11	146
147:12-20	147
148-150	148-150

위의 표에서 보듯, 히브리 성경의 9장과 10장이 칠십인역 성경에서는 9장이며, 114장과 151장은 113장이다. 반대로 히브리 성경의 116장은 칠십인역 성경에서 114장과 115장으로, 147장은 146장과 147장으로 나누어져 있다. 어느 쪽이 원래의 장 매김인지 결정하기는 쉽지 않다.

B. 시편의 하위구분

시편은 율법의 형태를 따라 다섯 책으로 나누어져 있다. 다섯 권 분류의 이유로 회당의 성경일과에 사용하기 위해서 만든 것이라는 주장이 제기되지만 분명한 증거는 없다. 150편의 본문들은 쿰란에서 발견된 양피지가 보여 주듯 한 권의 두루마리 분량이다. 그러므로 원래 다섯 권이던 것을 하나로 합했기 보다는 오경과의 유비를 이루기 위해 시편들을 수집한 후에 인위적으로 구분했을 것으로 생각된다.[43] 제5권을 제외하면 각 권은 영송가(榮頌歌)로 끝난다.

권	편	영 송 가
1	1 - 41	이스라엘의 하나님 여호와를 영원부터 영원까지 송축할지로다 아멘 아멘 (41:13)
2	42 - 72	그 영화로운 이름을 영원히 찬송할지어다 온 땅에 그의 영광이 충만할지어다 아멘 아멘(72:19)
3	73 - 89	여호와를 영원히 찬송할지어다 아멘 아멘(89:52)
4	90 - 106	여호와 이스라엘의 하나님을 영원부터 영원까지 찬양할지어다 모든 백성들아 아멘 할지어다 할렐루야(106:48)
5	107 - 150	위와 같은 형태의 영송가가 오 권의 마지막에 나오지 않음

각권을 끝맺는 영송가와 관련하여 두 가지 질문이 생긴다. 첫째, 제2권의 마지막 절인 '다윗의 기도가 필하니라'(7:20)는 왜 영송가 뒤에 나오는가? 둘째, 왜 제5권의 마지막에는 앞에서와 같은 영송가가 없는가? 첫째, 질문에 대한 가능성 있는 대답은 72:20을 1, 2권의 끝으로 보는 것이다. 두 번째 질문에 대한 답으로는 두 가능성이 제기된다. 하나는 135:21의 '예루살렘에 계시는 여호와는 시온에서 찬송을 받으실지어다 할렐루야'를 영송가로 보는 것이다. 이 추측이 맞는다면 136편 이후의 시편들은 제5권이 완성된 후에 첨가된 시가 될 것이다. 다른 가능성은 할렐루야 시편들인 146 - 150편 혹은 150편이 제5권의 영송가 역할을 한다고 보는 것이다.

C. 시편의 형성과정

시편은 어떤 과정을 거쳐서 150개의 시로 이루어진 한 권의 책이 되었는가? 물론 이 질문에 대답하기란 대단히 어렵다. 우리는

---

43) Seybold, 27.

시편 자체에 나타나고 있는 특징적인 현상들로부터 그 과정을 추정할 수 있을 뿐이다.

1. 특징적 현상들

첫째, 우리는 시편에서 같은 내용이 중복해서 나타나는 현상을 볼 수 있다. 예를 들어, 제1권에 속하는 시편 14편과 제2권에 속하는 시편 53편은 거의 동일하다.

시편 **14편**	시편 **53편**
다윗의 시. 인도자를 따라 부르는 노래	다윗의 <u>마스길</u>. 인도자를 따라 <u>마할랏에 맞춘</u> 노래
(1) 어리석은 자는 그의 마음에 이르기를 하나님이 없다 하는도다 그들은 부패하고 그 행실이 가증하니 선을 행하는 자가 없도다	(1) 어리석은 자는 그의 마음에 이르기를 하나님이 없다 하도다 그들은 부패하며 가증한 악을 행함이여 선을 행하는 자가 없도다
(2) <u>여호와</u>께서 하늘에서 인생을 굽어살피사 지각이 있어 하나님을 찾는 자가 있는가 보려 하신즉	(2) <u>하나님</u>이 하늘에서 인생을 굽어살피사 지각이 있는 자와 하나님을 찾는 자가 있는가 보려 하신즉
(3) 다 〈하콜〉 치우쳐 〈사르〉 함께 더러운 자가 되고 선을 행하는 자가 없으니 하나도 없도다	(3) 각기 〈쿨로〉 물러가 〈사그〉 함께 더러운 자가 되고 선을 행하는 자 없으니 한 사람도 없도다
(4) 죄악을 행하는 자는 다 무지하냐 그들이 떡 먹듯이 내 백성을 먹으면서 <u>여호와</u>를 부르지 아니하는도다	(4) 죄악을 행하는 자들은 무지하냐 그들이 떡 먹듯이 내 백성을 먹으면서 <u>하나님</u>을 부르지 아니하는도다
<u>(5) 그러나 거기서 그들은 두려워하고 두려워하였으니 하나님이 의인의 세대에 계심이로다 (6) 너희가 가난한 자의 계획을 부끄럽게 하나 오직 여호와는 그의 피난처가 되시도다</u>	<u>(5) 그들이 두려움이 없는 곳에서 크게 두려워하였으니 너를 대항하여 진 친 그들의 뼈를 하나님이 흩으심이라 하나님이 그들을 버리셨으므로 네가 그들에게 수치를 당하게 하였도다</u>
(7) 이스라엘의 구원이 시온에서 나오기를 원하도다 <u>여호와</u>께서 그의 백성을 포로된 곳에서 돌이키실 때에 야곱이 즐거워하고 이스라엘이 기뻐하리로다	(6) 시온에서 이스라엘을 구원하여 줄 자 누구인가 <u>하나님</u>이 자기 백성의 포로된 것을 돌이키실 때에 야곱이 즐거워하며 이스라엘이 기뻐하리로다

시편 53편의 표제에 '마스길'과 '마할랏에 맞춘'이라는 음악적 표시가 첨가되어 있을 뿐 본문은 거의 동일하다. 약간의 차이는 시편

14편이 시편 53편보다 '여호와'란 신명을 더 선호한다는 것(시 14: 2, 4, 5, 7), 14:3에서의 <사르> 대신 비슷한 뜻의 <사그>를 53:3 에서 사용한다는 것, 14:7에서는 '구원'이 단수 <여쉬아트>로 53:6 에서는 복수<여쉬오트>로 나오는 것(그 외는 히브리 문장으로는 꼭 같다) 등이다. 14:5, 6과 53:5는 초점은 다르지만 주제는 같다. 전 자는 의인과 가난한 자에 대한 하나님의 임재를 후자는 악인들에 대한 하나님의 간섭을 말한다.

중복 출현의 다른 예로는 시편 40:13 − 18(1권) = 시편 70(2권), 시편 57:8 − 12 + 60:7 − 14(2권) = 시 108(5권) 등이다. 왜 같은 내용 의 시들이 권을 달리하여 반복되는가? 각권이 만들어질 때 편집자 들은 널리 읽히거나 암송되던 시들을 각자의 집록에 넣었을까? 혹 은 편집자들은 이미 시들이 수집되어 있는 어떤 집록에서 자신의 목적을 위해 가져왔을까? 그렇다고 하더라고 약간의 차이는 어떻 게 생겨나게 된 것일까?

둘째, 아래의 표에서 볼 수 있는 것처럼 시편의 각 권은 하나님 의 호칭에 대한 선호도를 보여 준다[44]:

권	여호와(여호와)	엘로힘
1권	272	15
2권	30	164
3권	13	36
4권	103	9
5권	236	7

---

44) Paul Auvray, *Les Psaumes*, 서인석 역주, 『시편은 시인 예수 그리스도의 노래』 (왜관: 분도출판사, 1973), 20.

왜 이런 차이가 나는지는 분명치 않다. 그러나 앞에서 비교한 시 14편과 53편의 사용을 볼 때, 각권 편집자의 선호성 혹은 신학이 개입된 것으로 생각할 수 있을 것이다.

셋째, 같은 저자의 시들이 한 권에 묶여져 있지 않고 흩어져 있다. 예를 들어, 제2권의 끝인 시편 72:20은 '다윗의 기도가 끝나니라'고 말하고 있는데도, 뒤(86[3권], 101, 103[4권], 108-110, 122, 124, 131, 133, 138-145[5권]편)에서 다윗의 시들이 나타난다. 왜 한 저자의 시들이 묶여져 있지 않는가? 또한 시 1편에서 72편에도 다윗의 시가 아닌 것들도 있다. 1, 2, 33, 66편은 저자의 이름이 나오지 않으며 72편은 '솔로몬의 시'라고 되어 있다. 72:20으로 다윗 시집을 완성한 후 다른 시들이 첨가된 것인가? 한 가능성은 현재의 집록보다 작은 집록이 완성되었고, 후에 다른 저자들의 시들이 한 집록 한에 들어왔으며, 시집록을 확대할 필요가 생겼을 때, 2권, 3권 등으로 확장했다는 것이다. 시편 72편 이후에도 다윗의 시들이 3, 4, 5권에 나오고, 고라 자손의 시는 42-49편(2권)과 84-88편(3권)에 나오며, 아삽의 시는 (50편(2권)과 74-83(3권에 나온다).

넷째, 저자별 집록 외에 주제별 집록이 나타난다. 여호와 왕 시편은 93-99편(4권)에, 할렐루야 시편은 104-106편(4권)과 111-117, 135, 146-150편(5권)에, 올라가는 노래는 120-134편(5권)에 묶여 있다. 이러한 배치는 의도적 편집의 결과로 볼 수 있을 것이다.

2. 시편의 형성과정에 대한 추정

먼저 다윗의 시들에 대해서 생각해 보면, 다윗의 시들은 1권에 서른일곱 편(33편은 무명의 시이지만 칠십인역에서는 다윗의 시), 2권에 열여덟 편, 3－4권에 세 편(86, 101, 103편), 그리고 5권에 여덟 편이 나온다. 왜 다윗의 시들을 한군데 모아 놓지 않았을까? 필요에 의해 집록들의 수가 늘어가면서 다윗의 시들도 더 수집되어 사용되었다고 추정할 수 있다. 아삽과 고라 자손의 시들도 비슷한 과정을 거친 것으로 보인다. 고라 자손의 시는 42－49편(2권)과 87－88편(3권)에, 아삽의 시는 50편(2권)과 73－83편(3권)에 나온다. 다윗의 시들이 3, 4권에는 거의 나오지 않는 것으로 보아, 3, 4권은 주로 비다윗 시편들의 집록이었을 것이다. 73－83편은 아삽의 시, 84, 87－88편은 고라 자손의 시, 89편은 에단의 시, 90편은 모세의 시, 91－100, 1－4, 106편은 무명의 시이다. 제5권은 성전 예배의 필요를 위해서 만든 것으로 추정된다. 시 120－134편은 예루살렘 순례 때 부른 것으로 보이는 '올라가는 노래'이며, 시편 107, 108, 111－113, 117－118, 136, 138, 145－150편은 찬송시이다. 1권과 2권은 한때 다윗의 집록으로 모아졌으며, 72:20('이새의 아들 다윗의 기도가 끝나니라')이 1－2권의 끝이었을 것이다.

시 1편은 1권에 속하기보다는 시편의 전체 서론으로 보인다. 시 1편은 율법 묵상의 중요성과 의로운 삶에 대해 말한다. 이는 독자들이 시편을 어떻게 읽어야 하는가를 가르쳐 준다. 시편을 단순히 시나 찬송으로 읽지 말고 하나님의 말씀, 즉 율법으로 읽어야 한다는 것이다. 또한 시편의 독자들이 율법서를 가지고 있다는 것을 전제로, 독자들이 시편을 율법에 대한 묵상집으로 읽어야 한다는 것을 말해 준다. 악인들은 무리를 좇아가고 서고 그 속에 앉지만, 의인들은 하나님의 말씀을 자신 속에 넣어야 한다. 휩쓸림이 아니라 말씀을 간직하고 살아가는 삶, 그것이 '복된'<아쉬레> 삶이라고 말해 준다.

시편 150편은 할렐루야 시편에 속한다. 그러므로 하나님 말씀으로서의 시편 혹은 율법에 대한 묵상집으로서의 시편은 결국 여호와 찬양으로 끝나게 된다. 시편의 기자들이 겪은 역사와 인생을 최종적으로 섭리하시는 분은 결국 여호와 하나님이므로, 신앙인의 삶 자체가 여호와를 찬양하는 것이고 율법을 묵상하며 산 결과가 복된 삶이므로 여호와 찬양이 마지막에 터져 나오게 되는 것이다. 율법 준수와 찬양, 이것은 신앙인들이 살아야 할 삶의 목표이다. 시편은 1장의 복된 <아쉬레> 삶의 방향 제시로 시작하며 150편의 여호와 찬양, '호흡이 있는 자마다 여호와를 찬양하라'로 끝난다.[45]

3. 시편집의 결집연대

시편에는 모세의 시로부터 바벨론 포로시대의 시에 이르기까지 오랜 세월에 걸친 여러 시대의 시들이 들어 있다. 오늘 우리가 가진 형태대로의 시편은 언제 마무리되었으며 언제부터 정경적인 권위를 갖게 되었을까? 시편이 현재의 형태를 언제 가지게 되었는지를 우리는 알 수 없다. 그러나 예수 벤 시라의 히브리어판 집회서

---

45) 시편 형성과정에 대한 보다 자세한 논의를 위해서는 John Day, *Psalms*, 노희원 역, 『시편개론』(서울: 도서출판 은성, 1996), 167－88을 보라.

(주전 180년경)를 그의 손자가 헬라어로 번역하고 서문을 달았을 때(주전 117년), 구약성경의 세부분은 이미 존재하였으며 세 번째 부분의 첫 책인 시편은 정경적 권위를 가지고 있었던 것으로 보인다.

율법서와 예언서와 그 뒤를 이은 후대의 저서들이 우리에게 위대한 가르침을 많이 전해 주었다. 이것으로 보아 이스라엘 민족의 학문과 지혜는 찬양을 받을 만하다. 그런데 책을 읽는 사람은 스스로의 지식을 쌓는 것에 머물지 말고, 쌓은 지식을 말로나 글로 나타내어 다른 사람들을 돕는 자가 되어야 한다. 나의 조부 예수가 바로 그런 분이었다. 그분은 율법서와 예언서와 우리 조상들이 남긴 다른 저서들을 열심히 공부하여 통달한 후, 그 자신도 교훈과 지혜를 담은 책을 저술하기로 하였다. 그 목적은 지혜를 사랑하는 사람들이 자기의 가르침을 아울러 익혀서 율법대로 잘 사는 방법을 터득하게 하려는 것이었다. 그러므로 나는 여러분이 이것에 흥미를 가지고 주의 깊게 읽어 주기를 바라며, 우리의 노력에도 불구하고 어떤 구절의 번역이 혹 잘못되었으면 널리 양해해 주기를 바란다. 원래 히브리어로 표현된 말을 다른 언어로 번역해 놓으면, 그 뜻이 제대로 드러나지 않는 수가 많다. 이것은 비단 이 책의 경우뿐만이 아니라, 예언서와 그 외의 다른 저서들, 심지어는 율법서마저도 그 번역서와 원서와의 사이에는 큰 차이가 있음을 발견할 것이다.

안디오쿠스 에피파네스(Anthiocus Epiphanes IV, 주전 175 – 163년)의 악정에 대한 반발로 일어난 마카비 혁명에 대해 기록한 마카비 상 7장은 시편 인용절(시 79:2 – 3)을 성경 말씀이라고 부른다(7:16):

(11) 유다와 그의 형제들은 적이 대군을 이끌고 오는 것을 보고 그들의 평화 제안을 믿지 않았다. (12) 그러나 율법학자단은 알키모스와 바키데스에게 가서 일을 공정하게 처리해 달라고 요구했다. (13) 이스라엘 쪽에서 처음으로 화평을 제의한 사람들은 하시딤이라고 하는 경건파 사람들이었다. (14) 그들은, "아론의 후예 한 사람이 사제로 군대와 함께 와 있습니다. 그러니 우리에게 아무런 해도 끼치지 않을 것입니다." 하고 말하였던 것이다. (15) 과연 알키모스는 대표단에게 평화를 보장하며, "우리는 당신들에게나 또 당신들의 친구에게도 아무런 해를 끼치지 않을 것입니다." 하고 맹세하였다. (16) 이렇게 그들을 믿게 한 후에 알키모스는 그들 중에서 육십 명을 체포하여 그날로 죽여 버렸다. 이 사건을 예언한 다음과 같은 성경 말씀이 있다. (17) 당신 성도

들의 살이 사방에 흩어지고 그 피가 예루살렘 주변에 물처럼 흘러도 그들을
묻어 줄 사람은 아무도 없었습니다(시편 79:2 – 3).

역대상 16장에는 하나님의 궤를 다윗이 친 장막에 모시는 날 아
삽과 그의 형제들이 부른 감사시가 나오는데, 이 시는 시편에서 발
견되는 시와 거의 같다. 8 – 22절은 시 105:1 – 15(무명)와, 23 – 33절
은 시 96:1 – 13(무명)과, 34 – 36절은 시 106:47 – 48(무명)과 거의
같다. 이로부터 우리는 역대기 저자가 시편을 잘 알고 있던 것으
로 추정할 수 있을 것이다.

위의 논의들을 고려할 때, 시편의 정경으로서의 권위는 최소한
주전 250년까지는 올라가는 것으로 보인다. 수집연대는 이보다 이를
것이나 오늘날과 같은 시편들이 들어 있었는지는 확신할 수 없다.

Ⅳ. 정경 외의 히브리어 시편들

채은하

1956년 쿰란 제11동굴에서 『시편 두루마리』(*The Dead Sea Psalms Scroll*)가 발견되었고 샌더스(J. Sanders)가 이 사본을 1965년과 1967년에 출간하였다. 이 두루마리는 주후 50년경 13피트 길이, 6－7인치 넓이의 가죽으로 만든 것이다. 이 시편 두루마리에는 정경 시편의 4－5권, 즉 101편에서부터 41개의 시편들과 사무엘하 23:1－7과 단지 번역본만으로 알려진 정경 외의 시편들, 즉 151(AB), 154, 155, 집회서 51:13 이하, 그리고 지금까지 어떤 번역으로도 알려지지 않은 시편들인 '구원을 위한 호소(Plea for Deliverance)', '시온 예찬(Apostrophe to Zion)', '창조주 찬양(Hymn to the Creator)', 그리고 산문집인 '다윗의 편집들(David's Compositions)'이 들어 있다. 지금까지 쿰란 동굴에서 발견된 성경 사본 가운데 수적으로 가장 많은 본문이 이 시편들이다. 이것은 이 시편들이 쿰란에서 자주 사용되었음을 반증하는 것이다.[46]

---

46) J. Limburg, "Psalms of Book," *ABD* 5, 522－23; J. A. Sanders, *The Dead Sea Psalms Scroll* (Ithaca: Cornell University Press, 1967), 11.

본서에서는 쿰란 제11동굴에서 발견된 시편들 가운데 고대 다른 번역들을 통해 알려진 세 편의 히브리어 시와 지금까지 어떤 식으로든 전혀 알려지지 않았으나 쿰란의 발견을 통해 세상에 소개된 세 편의 히브리 시를 소개하고자 한다.[47]

A. 고대 번역본으로 알려졌던 정경 외의 시편들

지금까지 번역본으로 남아 있는 정경 외의 시편들과 거의 일치하는 히브리어 본문이 쿰란 제11동굴에서 발견되었다. 이들은 단지 번역본만으로 알려졌던 정경 외의 히브리어 시편, 즉 151편과 154 – 155편은 주전 3 – 2세기경에 저작된 것이다.[48] 이것들은 지금까지 시리아 번역본으로 알려진 시편의 저본(Vorlage)과 매우 가까운 것으로 밝혀지고 있다.[49] 현재 이 시편들은 샌더스의 히브리어 본문 소개와 곁들인 영어 번역을 비롯하여 몇몇의 영어 번역들로 소개되고 있다.[50]

---

47) 그 외 집회서 51:13 이하와 '다윗의 편집들'(David's Compositions)이 있는데, 이것들은 산문으로 된 작품이므로 본서의 성격과 맞지 않아 소개하지 않기로 한다. 여기에 실린 시편들은 샌더스의 영어번역과 김이곤의 번역(『구약성경의 신앙과 신학』 [오산: 한신대학교 출판부, 1999])을 기초로 번역된 것이다.

48) Sanders, 위의 책, 93.

49) 위의 책.

50) F. Martinez, *The Dead Sea Scrolls Translated* (Leiden: E.J. Brill, 1994); M. Abegg, Jr., P. Flint, and E. Ulrich, *The Dead Sea Scrolls Bible* (New York: HarperSanfrancisco, 1999).

1. 시편 151편

　쿰란 동굴에서 발견된 시편 151편은 두 편의 시(151A, 151B)로 구성되어 있다. 시편 151편은 이새의 막내아들 다윗이 비록 어린 소년이지만 잘 생긴 형들을 제치고 이스라엘의 왕으로 선택되는 과정을 표현한 시편이다. 시편 151A는 다윗을 목자로 소개하고 그의 음악적 재능과 그가 사무엘로부터 기름부음을 받은 내용을 담고 있다. 외모 대신 인간의 마음을 보시는 하나님은 다윗의 형들 대신 막내인 다윗을 왕으로 삼으셨다고 말한다. 시편 151B는 몇 줄의 단편으로만 남아 있지만 다윗과 골리앗과의 만남을 언급하는 듯하다.

a. 시편 151A(11QPs^a column XXVIII, 3 – 12행)

이새의 아들 다윗의 할렐루야

(1) 나는 나의 형들보다 더 작은 자요
　　나의 아버지의 아들들 중에 가장 작은 자로다
　　그런 까닭에 그는 나를 그의 양떼의 목자로 세웠고,
　　그의 양떼 새끼들을 돌보는 자로 삼았다.
(2) 내 손이 악기를,
　　내 손가락은 거문고를 만들었도다.
　　그래서 나는 여호와께 영광을 돌렸고,
　　혼을 다하여 나는 생각하였다.
(3) 산들은 그를 증거하지 아니하고
　　언덕들도 그를 선포하지 아니하였도다.
　　허나 나무들은 내 말을,
　　양떼도 내 일들을 소중히 여겼다.
(4) 대저 누가 여호와의 행위를 선포하며
　　누가 이야기하며 전파할 수 있으랴?
　　하나님께서 모든 것을 보셨고,

그가 모든 것을 들으셨고, 그가 모든 것을 관찰하셨도다.
(5) 그는 자기 예언자를 보내시어 내게 기름을 부으셨도다.
사무엘로 하여금 나를 위대하게 하였도다.
나의 형들이 그를 맞으러 나갔으니
그는 용모와 외모가 아름다운 사람이로다.
(6) 비록 그들이 키가 크고,
그 머리털이 아름다웠어도,
여호와 하나님은 그들을 선택하지 아니하셨도다.
(7) 그러나 그는 사람을 보내어 양떼 뒤에 있는 나를 데려왔고
내게 거룩한 기름을 부으셨도다.
그리고 그는 나를 그의 백성의 지도자로 삼으셨고,
그의 계약의 자손들을 다스리게 하셨도다.

b. 시편 151B(11QPs^a column XXⅧ, 13 – 14행)

하나님의 예언자가 그에게 기름을 부은 후 다윗의 능력이 나타났던 초기에
(1) 그때 나는 <적군의 대열로>부터 무례하게 떠드는 한 블레셋 사람을
<보았다>.
나는 […]을

2. 시편 154편(11QPs^a column XVIII)[51]

시편 154편은 20절로 된 시리아 번역으로만 알려져 있었는데, 쿰란에서 발굴된 히브리어 시편은 시리아 역본보다 4절이 짧은 지혜시이다. 여기에 등장하는 지혜는 하나님의 위대하신 업적을 가르치는 목적을 갖고 있다. 시편 154 – 155편은 시리아어로 번역된 히브리어 본문이라는 점에서 일명 시리아 본문의 저본들(Vorlagen)이다. 하지만 이 시편들은 다윗의 인생과는 아무런 관계가 없다. 154편의 양식은 지혜시에서 흔히 나타나는 '예배에의 부름'으로 시작

---

51) 위의 한글 번역에서 〈 〉는 시리아 역본에는 있으나 히브리어 사본에는 생략되어 있는 것을 표시한 것이다. 샌더스는 시리아 번역을 기초로 영어 번역을 만들었다.

한다. 이 시편의 내용은 회중들에게 성회를 통하여 하나님의 위대
함과 구원을 선포하고 있다.

(1) <큰 소리로 하나님을 영화롭게 하라!
    많은 사람이 모인 회중 가운데 그의 위엄을 선포하라!
(2) 올바른 자들의 무리 가운데서 그의 이름을 영화롭게 하라!
    신실한 자들과 함께 그의 위대함을 말하라!>

(3) 너희 영혼을 선한 자들과 <연합하라>.
    지존자를 영화롭게 하기 위하여 순수한 자들과 연합하라!
(4) 그의 구원을 선포하기 위하여 회중을 모으라!
    그의 능력을 알리는데 게으르지 말라.
    모든 순박한 백성에게 그의 주권을 알려라!

(5) 이른바 여호와의 영광을 알게 하는 것은
    받은 바의 지혜이다.
(6) 그리고 그의 많은 업적을 말함으로써
    지혜가 인간에게 계시되는도다.
(7) 순박한 백성에게 그의 능력을 알리고,
    우둔한 백성에게 그의 위대함을 설명하려는 것이라.
(8) 지혜의 문으로부터 먼 자들아,
    그의 문간에서 멀리 있는 자들아,

(9) 이는 지존자는 야곱의 주님이시며
    그의 주권이 그의 모든 행사 위에 있음이라.
(10) 그리고 지존자를 영화롭게 하는 사람을
    그는 소제를 드리는 자로서
(11) 숫염소와 황소를 드리는 자로서
    제단을 많은 번제로 장식하는 자로서
    의인의 손으로부터 나오는 달콤한 향내를 드리는 자로서 받아들이신다.

(12) 의인의 문에서 그의 음성이 들린다.
    그리고 경건한 자의 회중으로부터 그의 노래가 들린다.
(13) 그들이 배불리 먹을 때도 그가 들려진다.
    그들이 공동체 가운데서 함께 마실 때도 그가 들려진다.
(14) 그들은 지존자의 율법을 명상하는도다.

그들의 말은 그의 능력을 알리는 데 있도다.
(15) 그의 말은 악인들과 얼마나 다른가!
그를 알려는 모든 오만한 자들과 얼마나 다른가!

(16) 보라, 여호와의 눈을!
선한 자들에게 열정이 있도다.
(17) 그를 영화롭게 하는 자들에게 그의 자비하심이 넘치는도다.
그는 <그들의> 영혼을 악한 시기로부터 구할 것이다.
(18) 여호와를 <축복하라!>
그는 겸손한 자들을 <이방인들의> 손에서 <구원하시는도다>.
<그리고 악인의 손으로부터 순수한 자들을 구원하시는도다>.
(19) <그는 야곱으로부터 한 뿔을 드시는도다>.
그리고 <이스라엘 백성들의> 한 재판관이 되시는도다.
(20) <그는 시온에 자기 장막을 펴시며,
예루살렘에 영원히 거하시리라>.

3. 시편 155편(11QPs^a column XXIV, 3 - 17행)52)

시편 155편 역시 시리아어 번역으로만 알려진 시이다. 그 언어
와 내용이 성경의 시편과 유사하다. 이 시편은 주후 1세기 유대교
예배 때 알려지지 않은 이유로 경전에서 제외되었을 것이다.[53] 이
시편의 내용은 구원을 호소하고 하나님의 구원 승인을 감사하는
기도를 담고 있다. 샌더스는 이 시를 '구원을 호소하는 감사시'로,
김이곤은 탄원시로 각각 다르게 분류하고 있다.[54]

(1) 여호와여, 내가 당신을 불렀나이다.
나를 지켜봐 주옵소서.
(2) 내가 내 손바닥을 펼쳤나이다.

---

52) 〈 〉는 시리아 번역본에만 있고, 히브리어 본문에는 생략되어 있음을 표시한 것이다.
53) 김이곤, 481.
54) 위의 책; Sanders, *The Dead Sea Psalms Scroll*, 109.

당신의 거룩한 거처를 향하여.

(3) 귀를 기울이소서.
  나의 탄원에 회보하소서.

(4) 나의 간청을,
  내게서 거두지 마소서.

(5) 내 영혼을 위로하사,
  낙담치 않게 하소서.

(6) 던지지 마소서,
  악인의 면전에서.

(7) 진리의 재판관이여,
  악의 죗값을 제거해 주옵소서!

(8) 여호와여, 나의 죄에 따라 나를 재판하지 마옵소서!
  살아 있는 어떤 사람도 당신 앞에서 의롭지 못하나이다.

(9) 오 주님, 내게 당신의 율법을 이해하게 하시고,
  당신의 율례를 내게 가르치소서!

(10) 많은 사람들이 당신의 행위를 듣게 하시고.
  백성들이 당신의 영광을 영예롭게 하소서.

(11) 나를 기억하시며 나를 잊지 마소서.
  내게 너무 힘든 상황이 되지 않게 하소서.

(12) 내 젊을 때에 지은 죄를 내게서 멀리하게 하소서
  나의 죄과가 내게 기억되지 않게 하소서

(13) 나를 악한 재앙으로부터 깨끗하게 하소서, 여호와여,
  내게 다시는 더하지 마소서.

(14) 내게로부터 그 뿌리를 제하여 주소서.
  그 잎사귀도 내 안에 무성하지 않게 하소서.

(15) 당신은 영광이옵니다. 여호와여,
  그리하여 나의 요구가 당신 앞에 가득하나이다.

(16) 누구를 향해 외치리이까? 그러면 그가 내게 주시리이까?
  인자들아, <그들의 강함이> 무엇을 더할 수 있을까?

(17) 여호와여, 나의 의지(依支)가 당신 앞에 있나이다.
  내가 주님을 불렀고 그가 내게 응답하셨도다.
  <그리고 그가 고치셨나이다>, 나의 상한 마음을.

(18) 내가 졸았고 <잠들었나이다>.
  내가 꿈꾸었나이다. 이제 <내가 깨었나이다>.

(19) <당신이 나를 붙드셨나이다. 여호와여,
  내가 당신을 부르나이다. 여호와여>, <나의 구원자시여!>

(20) 이제 내가 그들의 수치를 보리라.
　　　 내가 당신을 믿었나이다. 나로 수치를 당하지 않게 하소서.
(21) 이스라엘, 당신의 경건한 자들을 구하소서, 여호와여,
　　　 야곱의 집과 당신이 택하신 자들을!

B. 지금까지 알려지지 않은 정경 외의 시편들[55]

지금까지 전혀 알려지지 않은 시편들로는 정경의 시편들과 유사한 '구원을 위한 호소(Plea for Deliverance)', '시온 예찬(Apostrophe to Zion)', '창조주 찬양"(Hymn to the Creator)'이 있다. 우리는 쿰란의 동굴에서 발굴되기까지 이 시편들을 알지 못했다.

1. 구원을 위한 호소(11QPsa column ⅩⅨ)

20절로 된 이 시편은 죄와 악마로부터 구출을 간구하는 탄원시의 양식을 가지고 있다. 이 시편은 언어, 스타일과 양식과 사상에 있어서 정경의 시편과 비슷하다(정경시편 6:5, 88:10 - 12, 사 38:18 - 19).

(1) 분명 구더기는 당신을 찬양할 수 없나이다.
　　　 무덤 벌레도 당신의 사랑을 말할 수 없나이다.
(2) 오직 살아 있는 자만이 당신을 찬양할 수 있나이다.
　　　 비틀거려도 당신을 찬양할 수 있나이다.
(2 - 3) 당신의 사랑을 그들에게 알리시고,
　　　 당신은 자신의 공의로써 그것을 밝혀 알리시는도다.
(3 - 4) 이는 당신의 손에 모든 산 자의 영혼이 있기 때문이다.
　　　 모든 육체의 호흡을 당신께서 주셨나이다.
(4 - 5) 우리와 함께 행하소서, 여호와여, 당신의 선하심에 따라서.

---

55) [　]은 쿰란사본에서 빠져 있거나 손상되었기에 샌더스가 임의로 보충한 부분이다.

당신의 크신 자비에 따라서.

당신의 많은 의로운 행적에 따라서.

(5 - 6) 여호와께서는 그의 이름을 사랑하는 자들의 목소리를 들으셨도다.

그는 그의 사랑을 그들에게서 빼앗지 아니하셨나이다.

(7 - 8) 의로운 일들을 행하시는 여호와여, 찬양받으실지어다.

그의 성도들을 사랑과 자비로 관을 씌우는도다.

(8 - 9) 나의 영혼이 당신의 이름을 소리쳐 찬양하나이다.

당신의 사랑의 행위를 높이 찬송하나이다.

(9) 당신의 진실을 선포하나이다.

당신을 찬양하는 데는 끝이 없나이다.

(9 - 10) 나의 죄로 인해 곧 죽게 되었나이다.

나의 죄악이 나를 무덤에 팔았나이다.

(10 - 11) 그러나 당신은 나를 구원하셨나이다, 여호와여,

당신의 크신 자비로써.

당신의 많은 공의의 행위로써.

(11 - 12) 진실로 나는 당신의 이름을 사랑하였나이다.

내가 당신의 보호 안에서 피난처를 얻었나이다.

(12 - 13) 내가 당신의 능력을 모두 기억할 때 내 마음이 든든하고,

당신의 사랑에 내가 기대나이다.

(13 - 14) 나의 죄를 용서하소서, 여호와여!

나의 악을 내게서 깨끗이 하소서.

(14 - 15) 내게 믿음과 지식의 영을 부어 주소서.

파멸로 인해 수치거리가 되지 않게 하소서.

(15) 사탄도, 불결한 영도 나를 지배하지 않게 하소서.

(15 - 16) 고통과 악한 영도 내 뼈를 간직하지 않게 하소서.

(16 - 17) 대저 당신은 여호와, 나의 찬양이십니다.

당신 품에서 내가 평생 기다리나이다.

(17) 나의 형제들이 나와 더불어 기뻐하게 하소서

나의 아버지의 집, 누가 당신의 은혜에 ……놀랄 것인가?

[…]

(18) 영원히 내가 당신을 인하여 기뻐하리이다.

2. 시온 예찬(11QPs[a] column XXII, 1 - 10행)

이 작품은 모두 18절로 된 알파벳 시편이다. 그 내용은 시온을
위로하려는 의도에서 이사야 54:1 - 8, 60:1 - 22, 62:1 - 8, 66:10 -

11을 기초로 만들어졌다. 시온은 그 도시를 사랑하는 모든 사람들의 기도 속에 들어 있고, 하나님은 그 도시의 미래를 미리 말씀한 예언자들의 약속에 따라 계획하신다. 이 시편은 시온의 적군들 때문에 고통당하는 도시를 위로하려고 만든 기도이다.

(1) 나는 네 축복을 기억하노라, 시온이여.
　　모든 힘을 다하여 나는 너를 사랑하였노라.
　　너에 대한 기억이 영원히 축복받기를!
(2) 네 소망이 크도다, 시온이여.
　　평화와 너의 간절한 구원이 올 것이라.
(3) 세대와 세대가 네 안에 머물 것이라.
　　수많은 성도들이 네 광채가 될 것이라.
(4) 네 구원의 날을 열망하는 자들은,
　　너의 큰 영광으로 인하여 즐거워할 것이라.
(5) 네 영광이 풍성함으로 그들이 양육되고
　　그 아름다운 뜰에서 너는 걷게 될 것이라.
(6) 네 예언자들의 사랑을 너는 기억하게 될 것이라.
　　네 성도들의 행위로 인하여 너는 영광을 돌리게 될 것이라.
(7) 네 가운데 있는 폭력을 몰아내라!
　　거짓과 악이 네게서 끊어질 것이라.
(8) 네 아들들이 너로 인해 즐거워할 것이라.
　　네 귀인들이 너와 연합할 것이라.
(9) 그들은 얼마나 너의 구원을 희망하였는가?
　　네 성결한 자들이 너 때문에 얼마나 통곡하였는가?
(10) 너에 대한 희망은 결코 소멸되지 않으리라, 오 시온이여!
　　 네 안에 있는 소망은 결코 잊히지 않으리라.
(11) 누가 공의(로) 멸망하였는가?
　　 그렇지 않으면 누가 그의 악행으로 살아남았는가?
(12) 사람은 그의 길에 따라 시험을 받는다.
　　 모든 사람들은 자신의 행위에 따라 보응을 받는다.
(13) 네 원수들이 모두 끊어지도다, 시온아!
　　 네 모든 대적들이 흩어졌도다.
(14) 네 찬양이 즐겁도다. 시온이여,
　　 온 세상을 통하여 귀중하게 여겨질 것이라.
(15) 수없이 나는 너의 축복을 기억하는도다.

나의 온 마음을 다하여 나는 너를 축복하노라.
(16) 너는 영원한 공의를 달성하게 되리라.
너는 귀인들의 축복을 받게 되리라.
(17) 너에 관한 비전을 받아들여라.
너를 찾아 헤맨 예언자들의 꿈을 성취하여라.
(18) 높임을 받을지어다. 널리 확장될지어다. 시온이여.
지존자 네 구원자를 찬양하라!
내 영혼이 네 영광 속에서 기뻐할지로다.

3. 창조주 찬양(11QPs^a column XXVI, 9-15행)

이 시편은 9절로 구성된 시로 여호와 하나님을 창조주로 노래한 지혜시이다. 이 시편은 신구약중간 시대에 저작된 것으로 보인다.[56]

(1) 여호와는 위대하고 거룩하시다.
그는 세세토록 거룩한 자들 중 가장 거룩한 자이시다.
(2) 주권이 그를 앞서는도다.
그를 뒤따르는 일은 밀려드는 많은 물과 같도다.
(3) 은혜와 진리가 그의 임재에 둘려 있도다.
진리와 정의와 공의가 그의 보좌의 기초가 되도다.
(4) 깊은 어둠에서 빛을 분리해 내시는도다.
그의 마음의 지식으로 그가 새벽을 이룩해 내셨도다.
(5) 그의 모든 천사들이 이것을 증거할 때 크게 노래하였도다.
대저 그는 그들에게 그들이 알지 못한 것을 보여 주셨도다.
(6) 산들이 과실로 관을 씌우시는도다.
모든 생물에게 좋은 음식을 주시는도다.
(7) 그의 능력으로 땅을 만드시는 이를 송축하라!
지혜로 세상을 만드시는 이를 찬양하라!
(8) 자기 지력으로 그는 하늘을 펼치셨도다.
그는 자기 <창고에서> <바람을> 내셨도다.
(9) 그는 <비를 위한 번개>를 내셨도다.
그는 <땅> 끝에서 먼지를 일으키셨도다.

---

56) Sanders, *The Dead Sea Psalms Scroll*, 129.

위에 소개된 여섯 편의 시편들은 비록 정경 속에 포함되지 못했으나 언어, 양식, 내용과 신학에 있어서 정경의 시편과 매우 가까운 것들이다. 이 시편들은 정경의 다른 시편들과 함께 쿰란 공동체가 자주 애독하던 것들이었다. 그러나 이 시편들이 어떤 이유로 정경 속에 포함되지 않았는지 알 수 없지만 아마도 주후 1세기 유대교 예배 때 사용되지 않았기에 정경에서 제외되었을 것이라 추측되고 있다.

Ⅴ. 시편의 사본과 역본

이종록

고대 유대인들은 구약성경을 주로 히브리어로 기록했는데, 당시에는 지금과 달리 인쇄를 할 수가 없어서 손으로 기록했고, 그것을 다시 손으로 베껴서 사용했다. 이렇게 손으로 베껴 쓴 것, 즉 필사(筆寫)한 것을 사본(寫本)이라고 한다. 맨 처음 기록한 히브리어 본문을 원본(原本)이라고 하는데, 히브리어 성경 원본(들)은 찾을 길이 없고, 필사한 사본들만 남았다.

그리고 히브리어 성경을 다른 말로 번역한 것을 역본(譯本)이라고 하는데, 히브리어 성경을 헬라어와 라틴어를 비롯해서 여러 언어로 번역했고, 종교개혁 이후로는 독일어와 영어로 번역했다. 우리가 읽는 한글 성경들도 역본이다. 이렇듯 신앙공동체는 성경을 오랜 세월 동안 필사하고 번역하면서 오늘까지 전수해 왔는데, 여기서는 구약성경의 사본과 역본들 가운데 시편을 포함하는 것들을 중심으로 살펴보겠다.[57]

---

57) C. A. Briggs and E. G. Briggs, *A Critical and Exegetical Commentary on the Book of Psalms*, ICC. (Edinburgh: T&T Clark, 1906, 1976), xxii – xxxiv.

A. 히브리어 사본

1. 사해사본(Dead Sea Scrolls)[58]

1947년에 처음으로 쿰란에서 발견했다고 해서 '쿰란사본'이라고 하고 Q(Qumran의 첫 글자)로 표기한다. "사해사본의 성경사본들 중에는 신명기, 이사야, 시편의 사본이 가장 많다. 이것은 사해사본들과 관련된 사람들, 즉 쿰란 공동체가 이 세 권의 책을 매우 중요하게 여기면서 자주 사용했다는 것을 의미한다."[59]

시편과 관련해서는 모두 36개의 사본을 발견했다.[60] 1947년에 제1동굴에서 시편의 일부를 발견했고,[61] '시편 37편 주석'을 제4동굴에서 발견했다.[62] 제4동굴에서는 시편 4Q83(4QPsa)에서 4Q98d (4QPsp)까지 모두 20개를 발견했다.[63]

그리고 1956년에 제11동굴에서 시편 두루마리(Psalm Scroll)를 발견했는데,[64] 이 두루마리에는 시편 4권과 5권에서 모두 41개의 시

---

58) "좁은 의미에서 사해사본이란 1947년부터 1956년까지 쿰란 지역의 11개 동굴에서 발견된 고대문서들을 지칭한다. 이 사본들은 기원전 2-3세기부터 기원 후 1세기 사이에 필사된 것들인데, 대부분 히브리어로 쓰인 문서들이나, 아람어나 헬라어로 된 것도 있다." 천사무엘, 『사해사본과 쿰란 공동체』(서울: 대한기독교서회, 2004), 14.

59) 위의 책, 27.

60) 김창선, 『쿰란문서와 유대교-중요 유대 문헌을 중심으로 한 유대학 입문』(서울: 한국성경학 연구소, 2002), 27.

61) 이것을 1QPs^{a}로 표기한다. 1Q는 첫 번째 쿰란 동굴을 가리키고, Ps는 Psalms Scrolls, 즉 시편 두루마리를 가리킨다.

62) 이 시편은 "의인과 악인의 미래를 언급하면서 의인은 하나님의 구원을 얻지만 악인은 심판을 받는다고 한다. 쿰란 공동체는 이를 자신들의 종파와 대적자들, 특히 의의 교사와 사악한 제사장(The Wicked Priest)에게 적용했다. 그리하여 자신들의 종파를 의인들의 모임으로, 그리고 그들의 대적자들을 악인들로 해석했다." 천사무엘, 47.

63) 김창선, 30.

64) 제11동굴에서 발견한 시편 사본들은 11Q5(11QPs)에서 11Q9(11QPs^e)까지 모두 5개이

편(전체 또는 부분)과 경외시(經外詩), 즉 현재 정경에 수록되지 않은 시 일곱 편을 수록했다. 시편 배열순서는 마소라 텍스트와 상당히 다르다. 그리고 시편 145편은 각 절마다 후렴("여호와께 찬양을 돌리어라! 그의 이름이 항상 그리고 영원히 찬양받으실지어다.")을 붙였는데, 이 시편은 정식 시편이라기보다 제의적인 목적으로 시들을 모아 놓은 것으로 보인다.[65]

2. 알렙포 사본(The Aleppo Codex)[66]

알렙포 사본은 구약성경 전체를 수록한 사본으로 10세기 초반에 편집되었다. 이 사본은 원래 예루살렘에서 만들었는데, 나중에 카이로로 옮겼다가, 다시 알레포로 옮겨서, '알렙포 사본'이라고 한다. 지금은 예루살렘에 보관 중이다. 이 사본에는 시편 15:1 – 25:2가 없다.[67] 그리고 '히브리 대학 성경'은 이 사본을 저본(底本)으로 사용한다.

3. 레닌그라드 사본(Codex Leningradensis)

1008년에 벤 아쉐르 가문에서 만든 이 사본은 시편을 포함해서 구약 본문 전체를 완벽하게 수록했는데, B19A 또는 L로 표기한다.

다. 김창선, 31.

65) Ernst Würthwein, *Der Text des Alten Testaments, The Text of the Old Testament – An Introducti1on to the Biblia Hebraica*, tr. Erroll F. Rhodes (Grand Rapids, Michigan: William B. Eerdmans Publishing Co., 1979), 32 이하.

66) Würthwein, 34.

67) Limburg, 523.

그 이전에 발행한 916년도 판은 시편을 수록하지 않았다. 레닌그라드 사본은 사해사본보다 1200년 정도 후대에 만들어졌다.

B. 히브리어 인쇄본

1. 랍비성경

시편의 히브리어 인쇄본은 1477년 볼로냐에서 발행되었다. 구약성경 전체를 포함하는 것은 1524 − 1525년에 야콥 벤 카임(Jacob ben Chayyim)이 발행한 제2랍비성경(The Second Rabbinic Bible)인데, 이 성경은 인쇄본 히브리어 성경 가운데서 최초의 표준성경이다.[68] 민영진에 따르면, "1936년까지 인쇄되어 나온 모든 히브리어 성경들과 각종 주석들은 모두 이 야콥 벤 카임의 제2랍비성경에 반영된 히브리어 본문전승을 표준본문(Textus Receptus)으로 받아들였다."고 한다.[69] 제1랍비성경은 단일본문을 사용한 데 비해, 제2랍비성경은 당시에 사용가능한 모든 히브리어 사본들을 참고해서 만든 절충본문이다.

2. BH(Biblia Hebraica)

BH는 키텔(G. Kittel) 이 1905년에 고대 사본들을 통한 다양한 비평 주석을 달고 본문을 수정해서 펴냈다. BH^1과 BH^2는 제2랍비

---

68) 민영진, 『국역성경연구』 (서울: 성광문화사, 1984), 193.
69) 위의 책.

성경에 반영된 히브리어 본문을 사용했으며, BH^{3}는 레닌그라드 사본을 저본(底本)으로 사용했다.[70]

3. BHS(Biblia Hebraica Stuttgartensia)

BHS의 간행은 히브리어 성경의 비평적 편집역사에 있어서 획기적 사건이다.[71] 이것은 기존의 BH^{3}을 개편한 것인데, BHS와 구분하기 위해서 기존의 BH^{3}를 편집자인 키텔(Rudolf Kittel)의 이름을 따라서 Biblia Hebraica Kittel(줄여서 BHK)이라고 하고, 새로 나온 것을 BH^{4}라고 하지 않고 출판지명을 따라서 Biblia Hebraica Stuttgartensia(줄여서 BHS)라고 한다.[72] 엘리거(K. Eliger)와 루돌프(W. Rudolph)가 편집했고,[73] BH^{3}처럼 레닌그라드 사본을 저본으로 삼았다.

4. HUB(Hebrew University Bible, 히브리대학 성경)

그동안 히브리어 성경 편집을 BH가 주도했기 때문에 유대교 학자들은 히브리어 성경편집에 주도적이지 못했다. 그러다 1940년대 후반에 들어서면서 유대교 학자들이 새로운 체제의 히브리어 성경을 펴내는 작업을 시작했는데, 1965년에 이사야서 2, 5, 11, 51장을 견본으로 제시했고, 이사야서 1장1절 - 10장16절을 1973년 예

---

70) 위의 책, 195.
71) 위의 책, 203.
72) 위의 책, 203 이하.
73) Würthwein, 12.

루살렘에서 열린 제6차 유대학 세계대회에서 발표했다.[74] 히브리

대학 성경은 알렙포 코덱스를 저본으로 삼는다.

C. 역본

1. 칠십인 역본

히브리어 시편의 최초 역본은 헬라어 칠십인역(Septuagint, LXX)

인데, 주전 2세기에 알렉산드리아에서 번역되었고, 주후 4세기에

처음으로 코덱스로 엮어졌다. 고대 라틴역, 콥틱역, 고딕역, 아르메

니아역, 이디오피아 역본들은 모두 칠십인역을 저본으로 삼았다.

칠십인역은 이집트와 그리스에 사는 유대인들을 위해 번역했는데,

주전 3세기경에 율법서를 제일 먼저 번역했고, 시편은 주전 2세기

초에 번역한 것으로 보인다. 이집트 회당에서 공적인 기도와 찬양

을 위해 번역했다.

칠십인역 시편 번역자는 히브리 시의 특징을 잘 알고 있었다.

그래서 최대한 운율을 살리려 했다. 그리고 직역으로 의미를 전달

하기 어려울 경우에는 의미를 살려 번역(意譯)했다. 칠십인역 본문

은 몇 가지 유형으로 전달되었다. 가장 오래된 코덱스는 바티칸

코덱스(Codex Vaticanus)로서 B로 표기되며 주후 4세기에 발간되었

으며 현재 바티칸 도서관에 보관되어 있다. 시편 105:27 − 137:6이

빠져 있었는데 이 부분은 15세기에 첨가되었다. 이 본문은 1586년

---

74) 민영진, 206.

에 출판된 칠십인역 식스틴(Sixtine) 판의 저본이 되었다. 같은 시기에 시나이 코덱스(Codex Sinaiticus. S로 표기)가 만들어졌는데, 여기에는 시편 전체가 수록되어 있다. 알렉산드리아 코덱스(Codex Alexandrinus. A로 표기)는 5세기에 만들어졌는데, 시편 49:20 – 79:11이 빠져 있다. 이 세 사본은 공통적으로 다윗이 골리앗을 이긴 것을 기념하는 내용의 시편 151편을 수록하고 있다.[75]

2. 시리아 역본

2세기 또는 3세기경에 시리아 기독교인들을 위해서 시리아역본을 만들었는데, 이것을 페쉬타(Peshitta)라고 한다.

3. 라틴어 역본

제롬은 5세기 초에 라틴어역본인 불가타(Vulgata)를 만들었다. 그 당시 히브리어 본문에서 번역했는데, 다른 고대 역본들과 오리겐의 헥사플라를 참고했다.

4. 탈굼

아람어역인 탈굼은 9세기경에 만들어졌는데, 그 이전부터 전해온 구전 탈굼에서 비롯했다. 탈굼은 단순히 번역만 한 것이 아니고 설명을 첨부하면서 풀어쓰기 양식을 보인다. 탈굼은 신인동형론을 거부하고 시적인 형태나 양식을 전혀 고려하지 않았다.

---

75) Limburg, 523 이하.

D. 한글 역본

우리나라 최초의 성경은 1882년 로스(John Ross), 맥킨타이어(John McIntyre), 이응찬, 백홍준, 서상륜 등이 1882년에 번역한 누가복음이다. 그 이후로 복음서를 중심으로 신약성경을 번역했고, 1895년에 그동안 사복음서와 사도행전을 모아서 <신약젼셔>라는 이름으로 펴냈다.[76]

구약성경은 1898년에 피득(A.A. Peters)이 번역한 <시편촬요>가 최초인데, 피득은 시편 150편 가운데 62편만 발췌해서 번역했다.[77] 이렇듯 구약성경 가운데 시편이 제일 먼저 번역되었다. 구약성경이 완역된 해는 1911년으로 레이놀즈, 언더우드, 게일, 이승두, 김정삼 등이 번역에 참여했다.

---

76) 민영진, 330 이하.
77) 위의 책, 333.

Ⅵ. 시편의 표제

김태훈

시편 절반 정도는 표제를 가지고 있다. 그러나 마소라 본문과 칠십인역의 표제는 차이를 보여 준다. 예를 들어, 마소라 본문에는 다윗 시편이 73개 나오지만 칠십인역에서는 84개가 나온다. 아마 후대로 가면서 표제의 내용이 더 풍부해진 것처럼 생각된다. 표제에는 저자, 문학적 분류, 음악적 설명, 역사적 상황 등이 기록되어 있다. 그러나 음악적 설명은 표제의 요소가 아니라 앞 시에 대한 후기(後記)로 주장되기도 한다.[78] 예를 들어, "지휘하는 사람을 위하여 내 수금에 맞춘 것"<람나체아흐 빈기노타이>가 시편 4편에서는 표제로, 하박국 3:19에서는 후기로 나온다.

---

[78] Archer는 J. W. Thirtle의 *The Titles of the Psalms* (1905)로부터 표제에 속하는 요소와 후기에 속하는 요소를 구분하여 소개한다. Thirtle에 따르면 표제에 속하는 요소들은 문학적 분류, 저자, 역사적 상황이며, 후기에 속하는 요소들은 지휘자(혹은 영장), 악기반주, 곡조이다. Gleason Archer, Jr., *A Survey of Old Testament Introduction* (Chicago: The Moody Bible Institute, 2007), 422.

A. 문학적 분류

1. 시〈미즈모르〉

<미즈모르>는 한글 성경에서 시로 번역되었지만, 히브리어로는 '뜯다'를 뜻하는 <자마르>에서 나온 명사로 현악기와 함께 부르는 노래이다. 57개의 시편이 <미즈모르>이다.

2. 노래〈쉬르〉

<쉬르>는 악기 없이 목소리로만 부르는 것이다. 27개의 시편이 <쉬르>이다. 그중 15개(120 – 134편)는 (성전에) 올라가는 노래 <쉬르 함마알로트>이다. <함마알로트>의 뜻은 '올라감'과 관련이 있는데, 어떤 올라감인지는 분명치 않다. 유대인 전통은 반원형 계단을 올라 성전 안뜰까지 올라가는 것으로 본다. 다른 견해는 순례 절기 때 예루살렘으로 올라가는 것 혹은 고지대에 위치한 예루살렘 성을 향해 올라간다는 것을 뜻한다는 것이다.[79] 그 외 성전봉헌을 위한 노래(시 30), 안식일을 위한 노래(시 92)가 있다.

3. 마스길〈마스킬〉

<마스킬>은 한글 성경에서 번역되지 않고 <마스길>로 음역되어 있다. 뜻은 교훈 혹은 명상이다. 13개의 시편이 <마스킬>로 분류된다.

---

79) 〈쉬르 함마알로트〉에 관한 자세한 논의를 위해서는 박동현, 『순례시에 관한 주석적 연구: 시 122편을 중심으로』 (서울: 장로회신학대학출판부, 1981)를 보라.

4. 믹담〈믹탐〉

〈믹탐〉도 한글 성경에서 번역되지 않고 〈믹담〉으로 음역된다. '덮다'에서 나온 것으로 보는 학자들은 죄의 용서와 관련된 시로 본다. 후대 히브리어에서는 속담이나 새길 만한 격언을 뜻하기도 한다. 그러나 정확한 의미는 아직 알 수 없다. 6개의 시가 〈믹탐〉으로 분류된다.

5. 기도〈트필라〉

기도를 뜻하지만 다른 시편들과 비교할 때 특별한 차이는 보이지 않는다. 5개의 시편이 이 명칭을 가진다.

6. 찬송〈트힐라〉

시편 자체의 이름이 '찬양들'을 뜻하는 〈트힐림〉이고 많은 개별 시편들이 여호와를 찬양하지만 시편 145편은 '다윗의 찬송'〈트힐라 르다윗〉이라는 표제를 가진다. 개역성경은 '다윗의 찬송시'로 번역한다.

B. 전치사 〈라메드〉에 대한 해석

시편의 표제에는 히브리 전치사 〈라메드〉와 사람 이름이 결합한 형태가 나온다. 〈르다윗〉이 7번, 〈르아삽〉과 〈리브네 코라흐〉가 각각 12번, 〈르쉴로모(솔로몬)〉가 두 번, 그 외 〈르모쉐

(모세)>, <르헤만>, <르에탄>, <르여두툰>이 한 번씩 나온다. 이 경우 <라메드>는 '저자의 <라메드>(lamed auctoris)'로 이해 되며 예를 들어, <쉬르 르다윗>은 다윗이 지은 노래로 이해된다. 그러나 다윗의 것으로 되어 있는 시들 중에는 솔로몬 때에야 완성 된 '성전'<헤칼>을 언급하기 때문에(시 5:7; 11:4; 18:6; 27:4, 29:9; 65:4; 138:2), '다윗의 시'로 해석하는 것은 문제가 있다고 주 장되기도 한다.[80] 다윗의 것으로 돌려진 시편 139편은 자주 후대 의 작품으로 주장된다. 4절에서 '말씀'을 뜻하는 히브리어 <다바 르> 대신 아람어 <밀라>(단 2:10)를 쓴 것과 '올라가다'를 뜻하 는 히브리어 <알라> 대신 <살라크>를 사용한 것은 후대의 증거 라는 것이다. 그러나 다윗과 아람과의 관계(삼하 8장; 10장; 15장) 를 생각할 때, 다윗이 아람 단어를 사용하는 것이 있을 수 없는 일은 아니다.[81] 물론 <라메드>는 '~을 하기 위한(시 102:1), '~ (사람)을 위한(람나체아흐)', '~에게 드린(시 45편)', '~에 속한(잠 25:1)'의 뜻도 있기 때문에, 문법적으로는 '다윗을 위한', '다윗에게 봉헌하는', '다윗 선집에 속한' 등으로 해석하는 것도 가능은 하다.

---

80) 그러나 <헤칼>은 사무엘상 1장9절과 3장3절, 사무엘하 22장7절에도 나온다. 그러므로 '성 전'이 솔로몬 성전이라고 단정하기는 어렵다.

81) 그 외의 논제를 위해서는 Archer, 417-18을 보라.

C. 음악적 요소

1. 찬양대 지휘자에게⟨람나체아흐⟩

지휘자의 인도에 따라 부르는 노래인지, 아니면 지휘자가 선곡한 것인지 분명치 않다. 55개의 시편 표제에 나온다.

2. 악기 반주

<느기놋>은 현악기를 뜻한다(시 4:1; 6:1; 54:1; 55:1; 61:1; 67:1; 76:1). <느힐로트>는 피리 혹은 관악기를 뜻한다(시 5편). <기티트>는 어떤 음악곡조를 뜻하는지 분명치 않지만 '뜯다'와 관련된다면 현을 뜯는 연주를 뜻하는 것으로 생각된다(시 8; 81; 84편).

3. 음의 고조나 음색지시

<쉬미니트>(시 6; 12)는 '8'과 관계있지만 정확한 뜻은 알 수 없다. 팔현금 반주 혹은 한 옥타브를 높여 부르라는 지시로 주장되기도 한다. <알라못>(대상 15:20; 시 46)은 '높다'와 관련된 단어로 고음과 관련되는 것 같은데 실제 무엇을 뜻하는지 알려지지 않는다. <마할라트>는 '질병', '근심' 등을 뜻하는데 어두운 분위기의 노래인지, 슬픈 가락의 노래인지 분명치 않다(시 53; 88). <쉭가욘>(시 7) 혹은 <쉭요노트>(합 3:1)의 정확한 뜻은 알 수 없다. 시의 내용이 고통의 상황을 표하는 것으로 볼 때 애절한 곡조일 가능성이 있다.

4. 곡조

다음의 단어들은 정확히 무엇을 뜻하는지 알려져 있지 않지만 시에 붙인 곡조인 것으로 생각된다. <알 무트 랍벤>(시 9)은 직역하면 '아들의 죽음에 맞추어'이다. 아마 당시 잘 알려진 곡조였을 것이다. <알 아옐레트 핱샤알>(시 22)은 '아침의 사슴에 맞추어'를 뜻한다. <수산> 혹은 <소산님>(시 45)은 백합을 뜻하며 '백합'이란 곡조가 있었던 것 같다. <알 타쉬헤트>(시 57; 58; 59; 75)은 '멸하지 마소서'를 뜻한다. 앞의 시편들 모두가 한 곡조로 불렸는지는 의문시된다. <알 요나트 엘렘 르호킴>(시 56)은 '멀리 있는 상수리나무의 비둘기에 맞추어'를 뜻한다.

5. 기타

여두둔은 시편 39편(다윗의 시), 62편(다윗의 시), 77편(아삽의 시)의 표제에 나온다. 히브리어에서는 전치사 <라메드>와 함께 나오는데 한글개역 성경에서는 <르다윗>의 <라메드>를 저자로 보고 여두둔의 <라메드>는 형식을 나타내는 것으로 보아 '여두둔 형식으로 부르는'으로 번역된다. 그러나 그는 아삽과 헤만과 함께 다윗 시대의 음악인이었기 때문에(대상 9:16; 16:38, 41),[82] '여두둔이 다윗을 생각하며', '여두둔이 다윗에게 바친', '여두둔이 다윗의 시집에서 가져온' 시라는 뜻인지도 모른다. 그러나 여두둔이 음악형식인지 또 다른 뜻인지는 확인되지 않는다.[83]

---

82) 〈라메드〉를 NIV는 'for', NRS는 'to'로 번역한다.

83) 모빙켈은 '여두둔'을 고백시로 본다. Sigmund Mowinckel, *The Psalms in Israel's Worship*

‘셀라’는 표제에 나오지 않고 시의 중간이나 마지막에 나오는 용어이다. 39편의 시들에 나타나며 모두 71번 나온다. 단어의 의미가 무엇인지 어떤 용도로 사용되었는지 일치된 의견이 없다. 칠십인역은 <디아프살마>로 번역했는데 그 뜻은 ‘시의 중간’으로 중간 지점에서 잠간 쉬라는 뜻이거나 악기 간주가 있다는 표시이다. 다른 견해는 오늘의 도돌이표와 같은 기능을 했다는 것이다. 셀라가 나오는 부분에서 다시 앞으로 돌아가 시를 낭독했다는 뜻이 된다. 그러나 시 67편의 경우에서는 쉼표와 간주 혹은 도돌이표 기능을 하는 것으로는 보기 어렵다. “하나님은 우리를 긍휼히 여기사 복을 주시고 그 얼굴빛으로 우리에게 비취사(셀라) 주의 도를 땅위에, 주의 구원을 만방 중에 알리소서”에서 셀라가 한 절을 다 마치지 않고 나오므로 어떤 종류의 휴식이라도 있었다고 보기는 힘들다. 아퀼라역은 ‘영원토록’을 뜻하는 <아에이>로 번역하는데, 이는 셀라가 아멘과 같은 기능을 하는 것으로 본 것 같다. 어떤 학자는 ‘높임’을 뜻하는 <살랄>에서 왔다고 보고 목소리를 크게 하거나 반주를 크게 해야 한다는 표시로 이해한다. 다른 학자는 몸을 굽히라는 표시로 본다.[84] 셀라에 관하여 앞의 주장들을 포함하여 다른 많은 제안들이 있지만 여전히 추측 수준에 그치고 있다.

// (Nashville: Abingdon, 1962), 213.
84) 참고. Auvray(오브레), 28 – 29.

6. 역사적 상황

14개의 시편 표제에 그 시가 만들어지도록 영향을 준 상황('때', 히 <브>)이 나온다(시 3; 7; 18; 30; 34; 51; 52; 54; 56; 57; 59; 60; 63; 142). 다윗과 관련하여서는 그 상황은 주로 사울에게 핍박받던 때와 관련된다(시 7; 18; 34; 52; 56; 57; 59; 63; 142). 그 외 범죄 이후의 참회(시 51), 전쟁(시 60), 압살롬으로부터 도피(시 3) 등이 나온다.

역사적 표제들의 진정성의 정도에 관해 의견이 분분하다. 시가 작성될 때부터 붙은 것인지, 아니면 후대의 편집자들이 시편 본문으로부터 역사적 상황을 유추했는지 확실하지 않다. 그러나 세월이 지나면서 역사적 상황이 붙은 표제의 수가 늘어나는 것은 사실인 것처럼 보인다. 예를 들어, 시편 표제들의 역사적 상황은 마소라 전승과 칠십인역 전승에서 차이를 보인다. 칠십인역에서 마소라 본문에 없는 열 개의 상황들이 추가된다. 예를 들면, 시 26[히 27]에는 '기름 부음받기 전에', 시 64[히 65]에는 '그들이 길을 떠나려 할 때, 유배의 말씀으로부터', 시 70[히 71]에는 '다윗의, 요나답과 아들들과 첫 유배간 자들에 의해 불린 시', 시 95[히 96]에는 '유배 이후, 성전이 다시 지어졌을 때, 다윗의 노래'가 추가된다. 기원 직전 번역된 페쉬타 역본에는 더욱 정교한 표제가 나온다.

표제에 기록된 역사적 상황은 일반적으로는 본문의 내용과 일치한다. 예를 들면, 하나님의 은혜를 구하고 자신이 죄인 됨을 고백하는 시편 51편의 내용은 표제, '다윗이 밧세바와 동침한 후 선지자 나단이 그에게 왔을 때'와 조화를 이룬다. 그러나 본문의 내용과 맞지 않는 것으로 보이는 경우도 있다. 시편 30편은 '성전 낙성가'라고 표제에 기록되어 있는데, 내용은 병이나 고난 가운데서 구원받은 사람의 감사의 시이다. 시편 52편의 경우, 그 내용이 포악한 자, 악한 계획, 악을 꾀하는 혀를 말하므로 표제에 기록된 것처럼 다윗을 해하려고 한 도엑의 행동과 일치를 보인다고 말할 수있다. 그러나 도엑이 사울에게 이르러 다윗이 아히멜렉의 집에 왔다고 말하던 그 순간에, 멀리 있는 다윗이 어찌 도엑이 말하는 것을 알고 그의 악행을 지적하며 하나님을 신뢰하는 시를 지을 수있었을까?

시편 63편1절에는 물 없음, 황폐한 땅이 언급된다. 만일 이 현실을 다윗의 상황과 연결시킬 수 있다면, 그 상황은 다윗이 유다 광야에 있을 때였을 것이다. 표제는 '다윗의 시, 유다 광야에 있을때에'라고 기록한다. 그러나 2절에는 '성소에서 주를 바라보았나이다'가 나온다. 그러므로 물 없음, 황폐한 땅에서는 비유적 표현일수 있다. 실지 1절은 주님을 찾는 간절한 마음을 표하고 있다.

정리하면, 표제의 역사적 상황에 대한 언급 모두가 다 정경적권위를 가지고 있다고 보기는 어렵다.[85] 그렇지만 모두가 다 근거가 없는 것이라고 단정하는 것도 옳지 않다. 칠십인역이 히브리

---

85) Kidner는 역사적 표제들의 정경성을 강력하게 주장한다. Derek Kidner, *Psalms 1 - 72: An Introduction and Commentary on Books I and II of the Psalms*, TOTC (Downers Grove: Inter - Varsity Press, 1973), 46. 그러나 Childs는 표제의 역사적 설명은 본래부터 시편에 붙어 있는 것이 아니라고 본다. B. S. Childs, "Psalm Titles and Midrashic Exegesis", *JSS* 16 (1971): 137 - 50. Longman III은 표제의 역사적 상황의 정경성은 인정하지 않지만 신뢰할 만한 초기전승을 담고 있다고 본다. Tremper Longman, III., *How to read the Psalms*, 한화룡 옮김, 『어떻게 시편을 읽을 것인가?』 (서울: IVP, 1989), 53.

본문을 번역하면서 표제에 대한 음악적 기호를 제대로 이해하지 못하고 있는 것은 표제를 칠십인역 번역 당시 붙인 것이 아니라 그 이전에 이미 있던 것을 번역했다는 간접적인 증거가 된다.[86] 그렇다면 표제의 역사적 상황도 후대의 첨가라고 판단하기보다는 신뢰할 만한 초기전승이라고 보는 것이 바람직할 것이다.

---

86) Archer, 419.

Ⅶ. 히브리 시의 특징적 요소들

김태훈

우리가 현대의 히브리 성경(BHS)을 볼 때 시편이 시를 모아 놓은 책이라는 것을 깨닫기는 그리 어렵지 않다. 예를 들어, 역대기상과 시편을 비교해 보면 두 본문들의 차이가 분명히 드러난다. 역대기에서는 거의 대부분이 여백 없이 기록되는 데 비해, 시편에는 많은 여백이 있다. 그러나 마소라 학자들이 남겨 준 필사본(예. 레닌그라드 사본)은 본문을 시문과 산문을 구별하지 않고 기록한다. 그러므로 본문만 보아서는 많은 경우 시문인지 산문인지 구별하기 어렵다. 그러나 현대의 많은 연구가들은 시편을 산문보다는 시로 읽는다(NRS, NIV, 표준새번역, 공동번역을 보라). 시형으로 배열한 근거는 무엇인가? 히브리 시의 가장 보편적인 특징 중의 하나인 평행법이라는 의미의 반복 현상과 그 외, 풍부한 이미지, 간결한 문장형식(style), 운율(meter) 등이 산문과 시형의 구별방법으로 제시된다.[87]

---

87) David L. Peterson and Kent Harold Richhards, *Interpreting Hebrew Poetry*(Minneapolis: Fortress Press, 1992), 14; 7. 롱맨 Ⅲ, 118.

역대기에서는 한 문장의 길이가 대체로 길며 일정하지도 않다. 그러나 시편에서는 문장이 비교적 짧고, 비슷하거나 대조되는 단어나 문장들이 자주 나타난다. 역대기가 건조한 문체로 일어났던 일을 기록하는데 비해, 시편은 비유나 이미지를 많이 사용한다. 예들 들면, 우리에게 친숙한 시 23편에는 목자와 양 이미지, 잔잔한 물가, 초장, 죽음의 골짜기, 막대기와 지팡이, 기름 등이 나오면서 정서를 움직인다. 시는 문장의 절제와 특정한 단어들의 사용을 통해 절제의 여백을 상상력으로 채우게 하고, 감성을 자극하며 동조를 일으킨다.[88] 이러한 반복과 비유 이미지 사용은 구약 성경의 다른 책들에서도 볼 수 있다. 욥기, 아가, 예레미야 애가, 잠언, 전도서, 예언서의 많은 부분이 시형으로 기록되어 있으며 가끔 역사적인 책들에서도 부분적으로(창 49장, 출 15장, 삿 5장, 삼하 22장 등) 나타난다.

A. 운율(Meter) 혹은 리듬(Rhythm)

운율 혹은 리듬은 히브리 시와 관련하여 가장 논란되는 주제이다. 원래 히브리 본문은 조직적이고 규칙적인 운율을 가지고 있었다는 주장에서부터, 예외적인 곳에서만 운율이 존재한다는 주장까지 다양하다.[89] 운율의 존재를 인정하는 학자들은 보통 분절의 단

---

88) 참고. Longman, Ⅲ., 115.
89) G. D. Young은 그의 우가릿 시 연구로부터 우가릿 시에서 볼 수 있는 규칙적인 현상은 악센트나 음절이 아니라 사상의 반복이라고 결론 내린다. G. D. Young, "Semantic Metrics and the Ugaritic Evidence," *The Bible Today* (February 1949), 150 – 55.

어 개수, 음절수, 강세를 고려하여 운율을 계산한다.[90] 운율의 일반적 패턴은 각각 세 단어들로 이루어진 두 개의 반행에서 나타나는 3박자＋3박자와, 앞 반행은 세 단어 뒤 반행은 두 단어로 이루어진 두 개의 반행에서 나타나는 3박자＋2박자(예. <키나>[애도가] 형식) 등이 있다(그 외 2＋2, 4＋4, 3＋4, 2＋2＋2 등). 예를 들면, 시편 23:1은 각 반절들이 두 개의 악센트를 가지고 있다(여호와는 내목자/ 없도다 부족함, <여호와 로이/로 에흐사르>, 2＋2 패턴). 다음은 BHS에 근거하여 예레미야애가 4장(히브리)의 운율과 음절을 계산해 본 것이다.

[1 − 2절]

1a	3＋2＝5	12음절	1b	2＋2＝4	12음절
2a	3＋2＝5	15음절	2b	3＋2＝5	15음절

음절수 54개; 악센트 19개; 이분절(bicola) 4개; 키나(3＋2) 형식 3개

[3 − 5절]

3a	3＋2＝5	13음절	3b	2＋2＝4	12음절
4a	3＋2＝5	12음절	4b	3＋2＝5	12음절
5a	2＋2＝4	14음절	5b	3＋2＝5	14음절

음절수 77개; 악센트 28개; 이분절 6개; 키나 4개

[14 − 16절]

14a	3＋2＝5	13음절	14b	3＋1＝4	12음절
15a	2＋2＋3＝7	17음절	15b	3＋2＋3＝8	17음절
16a	2＋3＝5	14음절	16b	3＋3＝6	16음절

음절수 90개; 악센트 35개; 이분절 4개; 삼분절(tricola) 2개;
키나 2개(3＋1 포함)

---

90) 보다 자세한 논의를 위해서는 David Noel Freedman, "Acrostics and Metrics in Hebrew Poetry," *HTR* 65 (1972): 369 − 92; 같은 저자, "Acrostic Poems in the Hebrew Bible: Alphabetic and Otherwise," *CBQ* 48 (1986): 408 − 31; Wilfred G. E. Watson, *Classical Hebrew Poetry*. JSOTSup 26 (Sheffild: JSOT Press, 1984), 12 − 15를 보라.

[17 – 20절]

17a	3+2=5	15음절	17b	2+3=5	14음절
18a	2+2=4	13음절	18b	2+2+2=6	16음절
19a	3+2=5	13음절	19b	3+3=6	16음절
20a	3+2=5	14음절	20b	3+2=5	13음절

음절수 114개; 악센트 41; 이분절 7개; 삼분절 1개; 키나 4개

그러나 히브리 시의 운율과 악센트의 계산 방식에 있어서 학자들마다 차이를 보이며, 심지어는 운율의 존재 여부에 대해서도 의견이 일치하지 않는다.[91]

B. 평행법(Parallelism of Members)

1. 정의

히브리 시에서 하나의 시 행(line)은 일반적으로 각기 2–3개의 단어로 이루어진 두 세 개의 분절(half–line 혹은 colon)로 이루어진다. 평행법이란 분절들의 유사한 반복이나 상호 대조를 통해 의미(사상)를 전달하는 방식을 말한다. 평행법이란 용어는 옥스퍼드 대학의 로버트 라우스(Robert Lowth)가 그의 책 '히브리인들의 거룩한 시에 관한 강의'(De Sacra Poesi Hebraeorum Praelectiones Academicae[＝Lectures on the Sacred Poetry of the Hebrews])에서 1753년에 처음 사용한 것으로 알려져 있다.[92] 예를 들어, 시 17:1–2를 보자.

---

91) Peterson, 37. 운율 연구 경향을 보기 위해서는 Tremper Longman, III., "A Critique of Two Recent Metrical Systems", *Biblica* 63 (1982), 230–54를 보라.

(1) 여호와여 의의 호소를/ 들으소서 //
    나의 울부짖음에/ 주의하소서 //
    거짓되지 아니한 입술에서 나오는 나의 기도에/ 귀를 기울이소서 //

1절은 3행으로 이루어져 있다. 첫 부분의 '여호와여'를 제외하면 각 행은 두 개의 반행으로 이루어진다. 앞의 반행들에서는 '의의 호소', '나의 울부짖음', '나의 기도'가 대구를 이루고, 뒤의 반행들에서는 '들으소서', '주의하소서', '귀를 기울이소서'가 대구를 이룬다. 기도를 들어 달라는 간청이 유사한 표현을 가진 세 행의 반복을 통해서 강화된다.

(2) 주께서/ 나를 판단하시며 //
    주의 눈으로/ 공평함을 살피소서 //

2절은 2행으로 이루어져 있다. '주께서'와 '주의 눈으로'가 서로 대구를 이루고, '판단하시며'와 '공평함을 살피소서'가 대구를 이룬다. 주님이 직접 판단해 달라는 간청이 유사한 표현을 가진 두 행의 반복을 통해 강화된다.

2. 라우스의 평행법의 종류

라우스는 평행법을 동의적 평행법(synonymous parallelism), 반의적 평행법(antithetic parallelism), 그리고 종합적 평행법(synthetic parallelism)으로 분류한다. 동의적 평행법이란 한 사상을 나타내기 위해 유사한 단어 혹은 사상을 가진 두 개의 반행들을 반복하는 방

---

92) Archer, 412.

식이다. 반의적 평행법이란 하나의 사상을 강조하기 위해 대조적인 단어나 사상을 가진 두 반행들을 나열하는 방식이다. 종합적 평행법이란 두 번째 시구(반행)가 첫 번째 시구를 완성하거나 보안하는 경우를 말한다. 반복과 대조가 일어나지 않으므로 사실상 평행법으로 말하기 어려운 경우이다.

<u>예. 시편 1편</u>

(1) 복 있는 사람은 악인들의 꾀를 / 따르지 아니하며 //
　　죄인들의 길에 / 서지 아니하며 //
　　오만한 자들의 자리에 / 앉지 아니하고 // (동어적 평행법)

(2) 오직 여호와의 율법을 / 즐거워하여 //
　　그의 율법을 / 주야로 묵상하는도다 // (동의적 평행법)

(3) 그는 시냇가에 심은 나무가 철을 따라 열매를 맺으며
　　그 잎사귀가 마르지 아니함 같으니 (동의적 혹은 종합적 평행법)
　　그가 하는 모든 일이 다 형통하리로다 (종합적 평행법)

(4) 악인들은 그렇지 아니함이여 오직 바람에 나는 겨와 같도다

(5) 그러므로 악인들은 / 심판을 견디지 못하며 //
　　죄인들이 / 의인들의 모임에 들지 못하리로다 // (동의적 평행법)

(6) 무릇 의인들의 길은 / 여호와께서 인정하시나 //
　　악인들의 길은 / 망하리로다 // (반의적 평행법)

1절은 세 행으로 이루어져 있으며 각각의 행들은 복 있는 사람이 하지 말아야 할 것에 대해 말하는 동의적 평행법이다. 세 행은 서로 다른 의미를 전달하는 것이 아니다. 세 행의 유사반복을 통해 의미를 강화하고 있다. '악인들의 꾀', '죄인들의 길', '오만한 자들의 자리'가 유사한 개념이며, '따르지 아니하며', '서지 아니하

며’, ‘앉지 아니하고’가 유사한 개념이다. 2절은 두 행으로 이루어져 있으며 여기서도 동의적 평행법이다. ‘여호와의 율법’과 ‘그의 율법이’, ‘즐거워하여’와 ‘주야로 묵상하는도다’가 유사 반복이다. 5절도 동의적 평행법이다. ‘악인들’과 ‘죄인들’이, ‘심판을 견지지 못함’과 ‘의인들의 모임에 들지 못함’이 유사 단어들의 반복이다. 6절은 반의적 평행법이다. ‘의인들의 길’과 ‘악인들의 길’이, ‘인정하시나’와 ‘망하리로다’가 대조를 이루며 하나의 사상을 전달한다. 3절은 종합적 평행법이라 볼 수 있다. ‘열매를 맺으며’와 ‘그 잎사귀가 마르지 아니함 같다’는 유사 구절의 반복으로 볼 수도 있으나 열매와 잎사귀가 함께 나무의 건강을 나타내며, ‘그가 하는 일이 다 형통하리로다’도 반복이나 대조이기보다는 앞의 나무 직유에 대한 설명이다.

평행법 중에는 대조되는 단어들 중 생략된 것들도 있다. 이런 경우를 불완전 평행법 혹은 생략법(ellipsis)이라 한다. 앞에서 언급한 <키나> 운율(3＋2)이 대표적인 예이다. 앞의 행에서는 세 단어가 뒤에서는 두 단어만 나온다. 다른 예는 시 88편6절이다.

> 주께서 나를 두셨습니다 깊은 웅덩이에
> [주께서 나를 두셨습니다] 어두운 곳에 깊은 곳에

두 번째 반행에서 주어 – 동사 – 목적어를 가진 한 단어가 생략되고 ‘깊은 웅덩이’와 평행되는 단어들만 나온다. 생략을 통하여 강조점이 드러난다.

3. 평행법의 해석에 대한 이견

평행법이 하나의 사상을 전달하는 방법이라고 하는 데 대해 반대의 의견도 있다. A행과 B행이 유사하거나 대조되는 것이 아니라 서로 다르다고 보는 것이다. 예를 들어, 신약에서 예수께서 '구하라 주실 것이요 찾으라 찾을 것이요 두드리라 열릴 것이라'고 말씀했는데, A, B, C행이 기도하라는 한 사상을 나타내기 위한 반복이 아니라 각각 다른 것을 뜻한다고 보는 해석이다. 이 경우 구하는 것, 찾는 것, 두드리는 것이 무엇인지 달리 해석할 것이다. 이와 비슷한 견해로 평행법이 점층성을 가진다고 보는 학자들도 있다. 'B 〉A'이라고 보는 경우이다. 첫 번째 행과 두 번째 행이 밀접한 관계를 맺고 있지만, 두 번째 행은 앞 행의 단순한 유사 반복이 아니라 강화라고 보는 것이다. 앞에서 우리는 시 1:1절이 동의적 평행을 이룬다고 보았다.

> [1] 복 있는 사람은 악인들의 꾀를 따르지 아니하며
>   죄인들의 길에 서지 아니하며
>   오만한 자들의 자리에 앉지 아니하고

그러나 '꾀'와 '길'과 '자리'는 생각을 행동으로 실행하는 것이고 보다 깊숙한 개입으로 진전되어 간다. '따라감', '멈춤', '앉음'도 죄악 속으로의 진행을 보여 준다. 앞에서 언급한 '구하라 주실 것이요 찾으라 찾을 것이요 두드리라 열릴 것이라'도 구함 - 찾음 - 두드림이라는 진전과 구체성을 보여 준다. 그러므로 이 예는 평행법은 'B 〉A'라는 주장을 뒷받침한다고 말할 수 있다. 그러나 대다

수의 평행법들은 A≒B로 볼 수 있다.

평행법 중에는 상징적 평행법도 있다. 상징적 평행법이란 시행들이 대구를 이루되 '같이' 혹은 '처럼'과 함께 쓰이는 평행법을 말한다.

> 하나님이여 사슴이 시냇물을 찾기에 갈급함같이
> 내 영혼이 주를 찾기에 갈급하나이다(42:1)

> 주여 사람이 깬 후에는 꿈을 무시함같이
> 주께서 깨신 후에는 그들의 형상을 멸시하리이다(시 73:20)

4. 비평행구조

그러나 시편의 시들이 모두 다 평행법 구조로 이루어져 있는 것은 아니다. 앞에서 본 대로 종합적 평행법은 과연 행들 간에 '평행'이 된다고 말할 수 있는지 의문이 든다. 또한 시편의 많은 부분들은 산문시이다. 시 147편13절 – 20절의 예를 들어 보자.

> (13) 그가 네 문빗장을 견고히 하시고 네 가운데에 있는 너의 자녀들에게 복을 주셨으며
> (14) 네 경내를 평안하게 하시고 아름다운 밀로 너를 배불리시며
> (15) 그의 명령을 땅에 보내시니 그의 말씀이 속히 달리는도다
> (16) 눈을 양털같이 내리시며 서리를 재같이 흩으시며
> (17) 우박을 떡 부스러기같이 뿌리시나니 누가 능히 그의 추위를 감당하리요
> (18) 그의 말씀을 보내사 그것들을 녹이시고 바람을 불게 하신즉 물이 흐르는도다
> (19) 그가 그의 말씀을 야곱에게 보이시며 그의 율례와 규례를 이스라엘에게 보이시는도다
> (20) 그는 어느 민족에게도 이와 같이 행하지 아니하셨나니 그들은 그의 법도를 알지 못하였도다 할렐루야(시 147:13 – 20).

16절과 19절은 동의적 평행으로 볼 수 있으나 다른 부분은 반행들 사이에 혹은 행들 간에 평행이 일어난다고 보기 어렵다. 시 148편 7절 - 14절도 평행법을 거의 찾기 어렵다.

반대로 평행법을 이루고 있다고 해서 다 시인 것도 아니다. 산문에서도 반복을 통한 강조는 널리 사용된다. 예를 들어, 민수기 5:15 하반절('이는 의심의 소제요 죄악을 기억하게 하는 기억의 소제라')에서 '의심의 소제'와 '기억의 소제'는 평행을 이루고 있지만 산문의 한 부분일 뿐이다.

C. 문법적 평행법

우리가 앞에서 본 평행법은 사상 혹은 의미를 강화하는 의미론적 평행법(semantic parallelism)이었다. 최근에 이르러서 단어, 문법, 소리, 문장끼리의 관계에 집중하는 어형론적(morphologic), 문법적(grammatic), 문장론적(syntactic), 음성학적(phonetic) 평행법 연구로 확장된다.[93] 문법적 평행의 예로, 이사야 9장6절 전반절은 주어 / 동사 / 목적어 순서의 평행을 보여 준다.

> <키 엘레드 율라드 - 라누> 이는 한 아기가 태어났다 우리에게
> <벤 닡탄 - 라누> 아들이 주신바 되었다 우리에게

욥기 4장7절은 반의적 평행을 이루고 있으나 동시에 부사/주어/동사의 순서 평행과 단수 대 복수의 문법적 평행을 보여 준다.

---

93) 자세한 토의를 위해서는 김정우, 126 - 32를 보라.

<미 후 나키 아바드> 누구인가? 죄 없이 망한 자가
<워에포 여샤림 닉하두> 어디서 의인들이 끊어졌는가?

욥기 4장7절은 단수 대 단수, 신명기 32장7절은 단수 대 복수, 시편 29장10절은 완료동사 대 미완료 동사, 시편 33장2절은 고유명사 대 대명사의 평행을 보여 준다.

D. 히브리 시의 문학적 장치들

히브리 시인들은 평행법과 이미지 사용 외에도 다양한 문학 장치들을 사용하여 시를 더욱 풍부하게 만든다.

1. 두운법(頭韻法, Acrostics)

두운법이란 낱말이나 음절의 첫머리에 있는 소리나 글자의 조화를 통해 시의 의미를 효과적으로 전달하거나 시의 아름다움을 추구하는 장치이다. 알파벳 시편이 그 예이다. 시편 119편은 모두 176절로 되어 있다. 첫 여덟 절(1 - 8절)은 각각 히브리 알파벳의 첫 번째 글자인 <알렙>으로 시작하고, 두 번째 여덟 절(9 - 16절)은 각각 두 번째 글자인 <베트>로 시작한다. 이런 식으로 마지막 여덟 절(169 - 176절)은 각각 마지막 글자인 <타우>로 시작한다. 그리하여 같은 글자가 여덟 번씩 알파벳 개수 22만큼 반복되어 모두 176절이 되는 것이다. 시 34편도 알파벳시로서 22절로 이루어져 있다. 예레미야 애가의 경우 1장은 22절, 2장도 22절, 3장은 같은 글자 세 번씩 <알렙>에서 <타우>를 취하여 모두 66절, 4장은 다시 22절, 5장은 알파벳시는 아니지만 여전히 22절로 되어 있다.

시편 122편 6절은 알파벳 시는 아니지만 단어마다 특정한 글자나 소리를 배치함으로써 의미를 강조한다. "예루살렘을 위하여 평안을 구하라. '너(예루살렘)를 사랑하는 자는 형통하리로다'"이 뜻하는 바는 분명하다. 예루살렘의 평화를 구하라는 뜻이다. 그런데 히브리어로 읽으면 '샬'(샬롬의 첫글자) 소리가 계속 난다. <샤알루(구하라) 쉴롬(평화) 여루샬라임(예루살렘의) 이쉴라유(형통하리라) 오하바이크(너를 사랑하는 자들)>. 히브리 시인은 자신의 시에 두자체 기법을 도입함으로써 문장의 의미뿐 아니라 소리를 통해서 '평화'를 강조한다.

2. 교차대구법(Chiasm)

교차대구법은 이름 그대로 대조되는 단어나 행 그리고 연들이 교차로 배치되는 형태를 말한다. 대조되는 부분들끼리 줄로 연결하며 X자 형태를 띠게 된다. 시편 2편 5절은 동의적 평행법이지만 교차 배치를 시킴으로써 '분노'와 '진노'가 연속적으로 읽히게 하며 하나님의 분노를 강조한다.

> 그때에 그가 말씀하실 것이다 그들에게 / 그의 분노 가운데서 //
> 그리고 그의 진노 가운데서 / 그는 그들을 놀라게 하실 것이다 //

앞에서 언급한 시편 1장 6절은 반의적 평행법으로 되어 있으나 동시에 교차 배치를 보여 준다. 이로써 의인과 악인이 연속적으로 읽히면서 서로 명백하게 대조된다.

인정하신다 여호와께서 / 의인들의 길 //
악인들의 길 / 망하리로다//

교차대구는 더 큰 구조적 차원에서도 일어난다. 예를 들어, 시 2편은 두 부분으로 나눌 수 있는데, 1-6절은 이방 왕들의 계획과 하나님의 반응을 7-12절은 하나님의 이방을 왕에게 주겠다는 약속과 그 약속에 근거한 이방 왕들에 대한 명령을 묘사한다. 이는 다음과 같은 교차 배열을 보여 준다.

(1-3절): 세상의 군왕들
(4-6절): 하늘에 계신이, 주님의 반응
(7-9절): 이방에 대한 여호와의 약속 (10-12절): 세상의 군왕들

3. 야누스 평행법(Janus Parallelism)

야누스 평행법이란 한 단어가 두 행의 상황에 맞는 두 다른 의미로 사용되게 하는 기법을 말한다. 아모스 1장2절은 이 예를 보여 준다.

저가 가로되
여호와께서 시온에서 부르짖으며
예루살렘에서 음성을 발하시리니
목자의 초장이 <아발>하며
갈멜산 꼭대기가 마르리로다

<아발>은 두 가지 뜻을 가지는 단어이다. 하나는 '애곡하다'이며

다른 하나는 '시들다'이다. 앞부분과 평행되는 것으로 읽으면, 여호와는 사자처럼 큰 소리로 외치고 초장은 떨며 운다가 된다. 그러나 뒤의 '마르리로다'와 평행되는 것으로 읽으면 여호와가 부르짖을 때 갈멜산 꼭대기가 마르듯 목자의 초장도 시든다가 된다.[94]

4. 이중기능 수식사(Double - Duty Modifier) 혹은
추축 양식(Pivot Pattern)

이중기능 수식사 혹은 추축양식이란 시행의 중간에 위치한 한 단어나 한 절로서, 앞부분과도 뒷부분과도 함께 읽히는 기능을 하는 기법을 말한다. 예를 들어, 시편 86편12절은 두 방식의 평행법이 가능하다.

> 1) 당신을 찬양하나이다 나의 주님 내 마음 다하여
>   내가 높이리이다 당신의 이름 영원토록

> 2) 당신을 찬양하나이다 나의 주님
>   내 마음 다하여
>   내가 높이리이다 당신의 이름 영원토록

첫 번째 평행법의 경우 '내 마음 다하여'와 '영원토록'이 평행된다. 그러나 두 번째 평행법의 경우 '내 마음 다하여'는 첫 행과 둘째 형 모두를 수식하는 역할을 한다. 후자로 읽으면 '당신을 찬양하나이다 나의 주님 내 마음 다하여 // 내 마음 다하여 내가 높이

---

94) LXX과 KJV는 'mourn(애곡하다)'로, NIV와 NRS 그리고 한글개역성경은 '마르다'로 번역한다. 야누스 평행법의 다른 예를 위해서는 A. R. Ceresko, "Janus Parallelism in Amos's 'Oracles against the Nations' (Amos 1:3 - 2:16)," *JBL* 113/3 (1994), 485 - 93을 보라.

리이다 당신의 이름 영원토록’이 된다.

다른 예는 시편 98편2절이다. 한글개역성경의 배치와는 달리 ‘뭇 나라의 목전에서’는 앞 행과 뒤 행의 중간에 나온다. 이 부분을 이중기능수식사 혹은 추축양식으로 읽으면 다음과 같이 된다.

> 여호와께서 그의 구원을 알게 하시며
> 뭇 나라의 목전에서
> 그의 공의를 명백히 나타내셨도다

‘뭇 나라의 목전에서’는 평행법에서 두 번 사용된다고 볼 수 있다.[95]

5. 동음이의(同音異意)

동음이의 기법이란 비슷한 발음을 가지고 있으나 뜻이 반대인 단어들을 병치시켜 효과를 내는 기법이다. 예를 들어, 아모스 8:2에서 하나님은 아모스에게 무엇을 보느냐고 묻자 아모스는 여름실과 한 광주리를 본다고 대답한다. 그 대답에 대해 하나님은 이스라엘의 종말이 이르렀다고 말씀하신다. 여름실과 한 광주리 보는 것하고 종말이 어떻게 연결될 수 있는가? 어떤 주석가들은 여름실과와 추수를 연결시키기도 하지만, 여름실과는 <카이츠>이고 종말은 <케츠>이다. 하나님은 같은 발음이나 뜻이 다른 두 단어로서 선포의 효과를 높인다. 다른 예는 이사야 5장7절에서 볼 수 있다. 하나님은 ‘그들에게 공평을 바라셨더니 도리어 포학이요 그들에게 의로움을 바라셨더니 도리어 부르짖음이었도다’라고 말씀하신다. 여기서 공

---

95) Longman, Ⅲ., 127.

평은 <미쉬파트>이고 포학은 <미쉬파흐>이다. 또한 의로움은 <츠다카>이고 부르짖음은 <츠아카>이다. 여기서도 비슷한 발음의 다른 단어들로 메시지의 효과를 높인다.

6. 인클루지오(Inclusio)

인클루지오란 시의 한 문장이나 한 연 혹은 시 전체가 동일한 시작과 끝을 갖게 만드는 기법을 말한다. 동일한 시작과 끝이 봉투(envelope) 역할을 하고 그 중간에 내용이 들어 있는 형태이다. 시 전체 인클루지오 구성의 분명한 예는 시편 8편, 106편에서 볼 수 있다. 시편 8편에서는 '여호와 우리 주여 주의 이름이 온 땅에 어찌 그리 아름다운지요(1절)'와 '여호와 우리 주여 주의 이름이 온 땅에 어찌 그리 아름다운지요(9절)'가 봉투 역할을 하며 그 안에 내용이 들어 있다. 시편 106편의 경우는 '할렐루야 여호와께 감사하라 그는 선하시며 그 인자하심이 영원함이로다(1절)'와 '여호와 이스라엘의 하나님을 영원부터 영원까지 찬양할지어다 모든 백성들아 아멘 할지어다 할렐루야(48절)'가 봉투 역할을 하고 그 사이에 내용이 들어 있다. 한 연 안에서 나타나는 예로서 예레미야 애가 4장을 분석하면 다음과 같다.

절	주 제	Iclusio(envelope)
1 - 2절	시온과 그 거민의 운명	어찌 〈애카〉(1aB) // 어찌 〈애카〉(2bA)
7 - 9절	존귀한 자들 역시 굶주림	존귀한자들 〈느지레하〉(7aA) // 그들 〈쉐헴〉(9bA)
11 - 13절	예루살렘의 곤고	쏟으심〈샤파크〉(11aB) // 흘렸도다〈하쇼프킴〉(13bA)
14 - 16절	제사장, 예언자, 장로들의 운명	없도다〈로〉(14bA)//아니하시리니〈로〉(16aB)
17 - 20절	도움 없음과 왕의 사로잡힘	우리의 눈〈에네누〉(17aB)// 우리의 코 〈아페누〉(20aA)
21 - 22절	에돔의 심판; 시온에 대한 형벌의 종료	딸 에돔〈바트 - 에돔〉(21aA)// 딸 에돔〈바트 - 에돔(22bA)

Ⅷ. 시편의 유형과 삶의 자리

이종록

시편은 오랫동안 개별적으로 연구되었으나 19세기 이후 구조와 내용에 따라 시편들을 분류하는 연구방식이 일어나게 되었다. 존 데이는 이런 변화를 다음과 같이 요약한다:

> 결정적이고도 획기적인 전환점은 19세기의 초반에 궁켈에 의해서 이루어진 것이었다. 그의 공헌은 시편을 여러 가지 유형에 따라서 구별한 것이었다. 시편 주석과 시편 입문서라는 두 권의 책에서 궁켈은 시편에 나타난 시들을 그들 각각의 유형(Gattungen)에 따라서 나누었는데 이렇게 함으로써 그는 각각 시들의 원래의 삶의 정황(Sitz im Leben)을 밝혀내려고 갖은 노력의 경주를 아끼지 않았다. 바로 이런 종류의 연구를 우리는 양식비평이라고 부른다. 이것의 기본 원리는 성경에 나타나 있는 문학을 그 구조와 양식을 기준으로 해서 분석해 보는 것이다.[96]

A. 시편의 유형

시편 유형연구의 새로운 장을 연 궁켈은 시편을 다섯 가지 유형

---

96) Day, 20.

으로 나눈다.97) 먼저, 찬양시(Hymns) 유형의 시들은 '찬양하라'로 시작해서 찬양할 이유를 밝히고 다시 찬양하라는 외침으로 끝을 맺는다. 둘째, 공동체탄원시(Communal Laments)란 국가라는 공동체 위에 떨어진 재난 등을 국가적으로 탄식하고 슬퍼하는 시편이다.98) 셋째, 왕조 시편(Royal Psalms)은 왕들에 대한 시편들이다. 넷째, 개인탄원시(Individual Laments)는 특정한 개인의 비극적인 운명을 탄식하고 노래한다. 시편에서 가장 흔한 유형이다. 마지막으로 개인감사시(Individual Thanksgiving Psalms)는 개인탄원시와 대조되는 것으로서 개인적으로 당하는 고난 속에서 하나님이 구해 주셨음을 감사하는 시편이다.

궁켈은 시편을 다섯 가지 대 유형으로 크게 분류한 다음에 소 유형들을 찾아내었다.99) 공동체감사시(Communal Thanksgiving Psalms)는 국가 전체가 특별한 구원사건에 대해서 하나님께 감사하는 시편이다. 지혜시편은 교훈적인 성격의 것으로 구약 성경의 지혜문학 전승의 영향을 지대하게 받은 시편이다. 순례의 시편은 순례자들이 예루살렘까지 순례의 길을 가면서 부른 노래들이다. 제의 기도문 혹은 입장기도문은 예배에 참석하는 사람들이 성소에 들어가기 전에 낭송하는 일정한 조건문들로 일종의 훈계와 같은 것이다. 혼합시편은 어느 유형에도 속하지 않은 시편들이다.

그 외 여러 학자들이 시편들의 유형을 제시하였다. 다음은 그 예들인데, 비교를 위해 학자들이 제시한 순서는 변경시켰다.100)

---

97) 위의 책, 20 이하.

98) 학자들에 따라 탄원시, 탄식시, 애원시, 애통시 등이 사용된다. 본서에서는 편리를 위해 탄원시로 통일한다.

99) 위의 책, 22 이하.

사이볼트 (여덟 유형과 여섯 부수유형)	베스터만 (열 유형)	존 데이 (다섯 유형)	림버그 (일곱 유형)
1. 국가적인 애가 2. 개인의 애가	1. 공동체탄원시 2. 개인탄원시	1. 탄식 시편들 1) 개인탄원시 2) 공동체 탄원시	1. 탄원 또는 기도: 공동체 탄원과 개인탄원
3. 찬송	3. 묘사적 찬양 혹은 찬송의 시편	2. 찬양시와 감사시편 1) 찬양시	2. 찬양 또는 찬송
4. 개인의 감사시	4. 설화적(선포적) 개인 찬양시 5. 설화적(선포적) 공동 체찬양시	2) 개인감사시편 3) 특수한 감사시 4) 공동체 감사시	3. 감사의 노래
5. 궁정시	6. 왕조시편 7. 제왕즉위시편	3. 왕조시편 4. 즉위식 시편	4. 제왕시 5. 예식
6. 여호와대관식 노래			
7. 시편 속의 예언			
8. 시편 속의 지혜	8. 지혜시편	5. 기타 1) 지혜와 토라시편	6. 지혜와 토라시편
1. 율법			
2. 축복과 저주	9. 창조시편 10. 제의 기도문 시편	2) 신뢰의 시편 3) 순례시편 4) 역사시편 5) 입장기도문	7. 시온의 노래
3. 성전에 올라가는 노래			
4. 승리(구원)의 노래			
5. 이스라엘의 감사			
6. 설화			

    이처럼 히브리 시를 여러 유형으로 나눌 수 있는데, 전체적으로 살펴보면, 궁켈을 따라서 다섯 가지 유형을 기본 유형으로 보는 것이 좋겠다. 지금부터 다섯 가지 기본 유형들을 하나씩 살피려 하는데, 시편 앞부분에는 탄원시가 많이 나오고, 뒷부분에는 찬양시가 많이 나오기 때문에, 시유형의 순서도 탄원시로 시작해서 찬

---

100) Seybold. 130이하; Claus Westermann, *The Psalms-Structure, Contents, and Message*, 노희원 옮김, 『시편 해설-시편의 구조, 주제, 메시지』 (서울: 도서출판 은성, 1996), Day, 5 이하; Limburg. 531-34.

양시로 마치려 한다. 여기서 우리가 하나 염두에 두어야 할 것은 한 시편이 한 유형만을 보이는 것이 아니라는 사실이다. 한 시편에 다양한 유형들이 섞인 경우들도 많다. 이것은 시들이 역동적인 모습을 보이기 때문이다. 예를 들어, 역대상 16장8절-36절은 시편 105편, 96편, 106편의 부분들이 모여 재구성되어 있다.

B. 기본유형별 구조분석

이제 다섯 가지 기본 유형들을 살펴보기로 하자.

1. 개인탄원시

탄원시(歎願詩)는 극심한 고통 가운데서 괴로워하고 자신이 당하는 고통을 하소연하며 즉각적인 구원을 요청하는 시이다. 언제나 그런 것은 아니지만 대체로 주어가 일인칭 단수이면 개인탄원시이고 주어가 일인칭 복수이면 공동체(또는 민족) 탄원시라고 한다. 말 그대로 탄원시는 고통과 환란 가운데 있는 사람이 자신이 처한 비극적인 상황을 비통해하며 하나님께 아뢰고 하나님의 도우심을 간절히 청하는 시이다. 그래서 탄원시에는 하나님의 즉각적인 도우심을 촉구하는 용어들이 많이 나온다. '여호와여 일어나소서', '깨소서', '기억하소서', '통촉하소서' 등이 그것이다.

개인탄원시는 시편에서 가장 많이 나타나는 유형이다. 존 데이는 개인탄원시들을 '시편의 등뼈'라고 하는데, 그 까닭은 '시편 유형 중에서 가장 흔한 유형의 시들이기 때문이다.'[101] 개인탄원시는 대략 50편 정도이고, 시편의 약 1/3을 차지한다. 제1권에는 열다섯 편(3; 5;, 6; 7; 13; 17; 22; 25; 26; 27:7 – 14; 28; 31; 35; 38; 39편), 제2권에는 열네 편(42; 43; 51; 52; 54 – 57; 59; 61; 63; 64; 69 – 71편), 제3권에는 두 편(86; 88편), 제4권에는 한 편(102편), 제5권에는 일곱 편(109; 120; 130; 140 – 143편), 여기서 보는 것처럼, 탄원시들은 대체로 1권과 2권에 많이 나온다(찬양시는 4권과 5권에 많이 나옴).

이제 개인탄원시의 구조를 살펴보려고 하는데, 개인탄원시는 '부름', '탄원', '도움요청', '신뢰확증(들으심의 확신) – 야웨의 과거사 역회상', '구원받은 이후에 하나님을 찬양하겠다는 서약'의 구조를 갖는다. 시편 61편을 예로 들어 보자.

a. 부름	(1) 하나님이여
b. 탄원과 도움요청	나의 부르짖음을 들으시며 내 기도에 유의하소서 (2) 내 마음이 눌릴 때에 땅 끝에서부터 주께 부르짖으오리니 나보다 높은 바위에 나를 인도하소서
c. 신뢰확증	(3) 주는 나의 피난처시요 원수를 피하는 견고한 망대심이니이다 (4) 내가 영원히 주의 장막에 거하며 내가 주의 날개 밑에 피하리이다 (셀라)
d. 들으심의 확신	(5) 하나님이여 내 서원을 들으시고 주의 이름을 경외하는 자의 얻을 기업을 내게 주셨나이다 (6) 주께서 왕으로 장수케 하사 그 나이 여러 대에 미치게 하시리이다
e. 서원	(7) 저가 영원히 하나님 앞에 거하리니 인자와 진리를 예비하사 저를 보호하소서 (8) 그리하시면 내가 주의 이름을 영원히 찬양하며 매일 나의 서원을 이행하리이다

탄원시는 시편기자가 당하는 고통을 언급한다. 그러나 시편기자가 자신이 당하는 고통을 매우 일반적인 언어로 표현하고 또 비유적인 언어로 표현하기 때문에, 탄원시편들을 읽을 때 시편기자가

---

101) Day, 31.

고통당하는 직접적인 원인과 고통당하는 상황을 정확하게 규명하기는 어렵다. 고통을 표현하는 여러 어휘들은 시편기자가 당하는 불행의 범위가 육체적인 질병에서부터 정신적인 고통에 이르기까지 매우 넓다는 것을 보여 준다. 그리고 많은 경우 시편에서 나타나는 가장 두드러진 특징은 예배자가 죽음과 음부를 두려워한다는 것이다. 그러면 과연 시편기자들은 어떤 고통들을 당했을까? 그것들은 다음과 같은 것들이다:

- 질병과 같은 육체적인 고통(6; 22; 28; 38; 69; 71; 88; 102편).
- 거룩한 시온에서 멀리 떠나 있기 때문에 생기는 정신적 고독과 고통, 즉 하나님께 버림받은 느낌(42; 43; 120편).
- 죽음의 공포(28:1; 69:2; 88:1 - 7; 143:7).
- 자기의 고통이 야웨가 보낸 것이 아닌가 하고 의심하는 고통(73편).

시편기자는 자신이 이런 고통을 당하는 것이 원수(행악자) 때문이라고 생각한다. 시편은 인간을 의인과 악인으로 나눈다. 고통과 압제를 당하는 시편기자(또는 시편공동체)는 자신들을 의인으로 여기고 자신(들)을 괴롭히는 자(들)를 악인으로 규정한다. 시편기자가 표현하는 바에 따르면, 이 원수들이 하는 생각은 경건한 자를 철저히 해롭게 하는 것이다. 원수들은 타락하고 부패했다. 원수들의 정신 상태는 완전히 비인도적이고, 그들이 행하는 일은 불의와 사기이며, 음모와 술책, 흉계와 살생, 허위, 모략, 중상, 욕설, 비방, 악담, 저주들이다.

그러면 시편기자들은 원수, 또는 행악자를 어떤 사람으로 묘사할까? 시편 10편은 악한 자의 모습을 여러 가지로 잘 이야기한다.

(2) 악한 자가 교만하여 가련한 자를 심히 군박하오니 저희로 자기의 베푼 꾀에 빠지게 하소서 (3) 악인은 그 마음의 소욕을 자랑하며 탐리하는 자는 여호와를 배반하여 멸시하나이다 (4) 악인은 그 교만한 얼굴로 말하기를 여호와께서 이를 감찰치 아니하신다 하며 그 모든 사상에 하나님이 없다 하나이다 (5) 저의 길은 언제든지 견고하고 주의 심판은 높아서 저의 안력이 미치지 못하오며 저는 그 모든 대적을 멸시하며 (6) 그 마음에 이르기를 나는 요동치 아니하며 대대로 환난을 당치 아니하리라 하나이다 (7) 그 입에는 저주와 궤휼과 포학이 충만하며 혀 밑에는 잔해와 죄악이 있나이다 (8) 저가 향촌 유벽한 곳에 앉으며 그 은밀한 곳에서 무죄한 자를 죽이며 그 눈은 외로운 자를 엿보나이다 (9) 사자가 그 굴혈에 엎드림같이 저가 은밀한 곳에 엎드려 가련한 자를 잡으려고 기다리며 자기 그물을 끌어 가련한 자를 잡나이다 (10) 저가 구푸려 엎드리니 그 강포로 인하여 외로운 자가 넘어지나이다 (11) 저의 마음에 이르기를 하나님이 잊으셨고 그 얼굴을 가리우셨으니 영원히 보지 아니하시리라 하나이다

의인을 괴롭히는 악인들의 모습이 보이는 듯하다. 여기에 나오는 것들과 시편에 나타나는 것들을 정리하면 악인은 다음과 같은 사람들이다:

- 나를 쫓는 자 (7:1; 142:6)
- 일어나 나를 치는 자(59:1)
- 나를 미워하는 자(35:19; 38:19)
- 나와 다투는 자(35:1)
- 나와 싸우는 자(35:1)
- 내 영혼을 찾는 자(70:2)
- 내 영혼을 엿보는 자(71:10)
- 내 영혼을 대적하는 자(71:13; 109:31: '그 영혼을 판단하려 하는 자')
- 나를 상해하려는 자(35:4)
- 나의 해 받음을 기뻐하는 자(40:14)
- 내게 대해서 미칠 듯이 날뛰는 자(102:8)

원수들은 의인을 대적하고 의인을 파멸시키기 위해서 갖은 방법을 끈질기게 사용하는 자들이다.

그리고 시편기자는 자신이 당하는 고통의 직접적인 원인이 무엇이든지간에, 여호와께서 거기에 직접적인 책임이 없다고 할지라도 최소한 여호와께서 그것을 용인하셨다고 생각한다. 그래서 고통당하는 자는 자신의 죄를 뉘우치기도 하지만, 때로는 억울함을 호소하며 자신이 결백하다는 것을 주장하기도 한다.

고통을 당하는 시편기자가 의지할 분은 오직 하나님뿐이다. 그래서 시편기자는 하나님께 도움을 청한다. 시편기자는 하나님이 반드시 자기의 기도를 들으시고 구원해 주실 것이라는 확신을 갖고 있는데, 이것을 '들으심의 확신'이라고 한다. 들으심의 확신은 하나님의 과거사역을 통해서 확증된다. 시편기자는 하나님께서 과거에 행하신 여러 가지 사역들을 회상하면서 과거에 역사하신 하나님이 다시 역사하실 것임을 확신한다. 들으심의 확신에 대해서 좀 더 이야기해 보자. 존 데이가 말하는 것처럼, "상당히 많은 개인탄원시에서 시의 끝 부분에 이르러서 갑자기 분위기가 바뀌면서 시편기자는 야웨께서 자기의 기도를 들었다는 확신을 표현하는 부분이 나타난다."[102] 시 6편8절 이하, 7편10절 이하, 13편5절 이하, 28편6절 이하, 31편19절 이하, 52편8절 이하, 55편23절, 56편9절 이하, 57편7절 이하, 61편5절, 94편22절 이하, 130편7절 이하, 140편12절 이하 등에서 이것은 확인할 수 있다. 이것은 기도하는 중에 경험하는 놀라운 변화를 표현한 것으로 보인다. "기도 그 자체에서 놀라운 변화(metamorphosis)가 무의식적으로, 비자발적으로, 또 급작스럽게 일어난다. 불확실과 불안정의 감정은 사라지고 더 높은

---

102) 위의 책, 48.

곳에 있는 어떤 능력의 장중 안에서 자기가 보살핌을 받고 있다고 하는 벅찬 감격으로 위로를 받게 된다."[103]는 경험을 시편기자들도 했을 것으로 보인다.

탄원시에서 마지막으로 시편기자는 구원받은 이후에 하나님께 희생제사를 드리거나 하나님을 찬양하겠다는 서원을 한다. 여기서 보는 것처럼, 탄원시는 극심한 고통 가운데서 하나님의 도움을 애타게 간구하는 내용을 담고 있지만, 그렇다고 해서 탄원, 즉 부르짖음으로만 끝나지 않는다. 그러한 부르짖음은 언제나 하나님이 자신을 반드시 구원해 주실 것이라는 확신과 자신의 운명이 전환될 것이라는 희망으로 이어진다.

2. 공동체탄원시(민족탄원시)

개인탄원시가 개인이 당한 환란 가운데서 하나님의 도우심을 간구하는 것이라면, 공동체탄원시는 어떤 공동체나 민족이 환란에 처해서 하나님께 도움을 간구하는 것이다. 44편, 58편, 60편, 74편, 79편, 80편, 83편, 106편, 125편이 이 유형에 속한다.

공동체탄원시의 배경은 사회 전반적인 안녕을 위협하는 어떤 재난으로서 기근이나 외적의 침입이 그 예이다. 이러한 어려운 상황에 처했을 때, 사람들은 성소에 모여서 베옷을 입고 재를 뒤집어쓰고 크게 울면서 가슴을 치고 금식을 했으며, 희생제사를 드리면서 그 어려운 상황으로부터 자신들의 공동체를 구원해 주기를 여호와께 간구했다. 이러한 모습은 성전봉헌식에서 드린 솔로몬의 기

---

103) 위의 책, 52.

도(왕상 8: 23-53, 특히 33-40)와 요엘서 1-2장에 잘 나타난다.

공동체탄원시의 서두는 '여호와여'(21:1), '하나님이여'(44:1, 60:1), '주여'(79:12, 89:51), '나의 하나님이여'(83:14), '우리 구원의 하나님이여'(79:9), '만군의 하나님이여'(80:7, 14), '이스라엘의 목자여'(80:1). 그리고 '일어나소서, 깨소서'(44:24; 9:20), '기억하소서, 권고하소서'(106:4)와 같은 재난 모면을 요청하는 기원형식의 용어를 많이 사용한다.

공동체탄원시는 다른 나라 사람들이 이스라엘에게 자행한 불공정한 일에 집중한다. 그러나 과거에 이스라엘 백성들이 경험한 은혜들을 반복하면서, 현재 당하는 불행을 과거에 누린 축복과 대비하기도 한다. 그리고 서약이 뒤따라 나온다.

공동체탄원시에는 탄원에 대하여 하나님께서 응답하신 말씀이 나오기도 하는데, 시편 60편 6-8절이 그 예이다.

> (6) 하나님이 그 거룩하심으로 말씀하시되 내가 뛰놀리라 내가 세겜을 나누며 숙곳 골짜기를 척량하리라 (7) 길르앗이 내 것이요 므낫세도 내 것이며 에브라임은 내 머리의 보호자요 유다는 나의 홀이며 (8) 모압은 내 목욕통이라 에돔에는 내 신을 던지리라 블레셋아 나를 인하여 외치라 하셨도다

이러한 하나님의 응답은 제사장과 예언자들의 신탁형식을 빌어서 전달된다. 나라나 공동체에 어려움이 닥쳐서 제사장들이 하나님께 기도하며 탄원할 때, 갑작스럽게 하나님께서 제사장들을 통해서 백성들에게 약속의 말씀을 주시는 것이다. 이 장면을 한번 생각해 보라. 이 말씀을 듣는 사람들이 얼마나 큰 힘과 위로를 얻었겠는가? 그래서 공동체탄원시에는 들으심의 확신이 나타난다. 시편기자

는 하나님이 반드시 자신이 속한 공동체를 구원해 주실 것이라는 강한 믿음과 희망을 갖고 있음을 알 수 있다.

이제 공동체 탄원시의 구조를 살펴보자.[104]

a. 하나님을 부름

때때로 간간한 외침이 있고 이것은 찬양으로 바뀌거나(시 9:1 - 2) 혹은 옛적 하나님의 행사에 대한 회상(시44:1 - 8)이 나온다.

b. 불평

공동체탄원시에서 고통은 군사적인 위협이나 가뭄, 기아, 천재지변(왕상 8:33 - 40) 등이고, 개인탄원시에서 고통은 병, 적들의 위협, 죽음에 대한 공포 등이다. 참회 시편에서 고통은 죄에 대한 죄책감이다(시 38:4, 18). 불평은 자신이 무죄라고 하는 항변으로 이어지거나(시 17:3 - 5) 혹은 용서해 달라고 하는 탄원으로 이어진다.

c. 하나님의 과거 행위에 대한 회상(신뢰의 고백)

문제성이 있는 상황에도 불구하고 시인은 하나님에 대한 확신을 표현한다. 이 부분은 사태의 역전을 뜻하는 '그러나' 혹은 '그럼에도 불구하고'(예, 시 3:3 - 6)로 시작한다.

d. 탄원

시편 기자는 하나님이 간섭하실 것과 구원하실 것, 그리고 어떤 경우에는 자기의 호소가 왜 정당한지에 대한 이유를 도입하기도 한다(시 6:4 - 5).

---

104) Bernhard W. Anderson, *Out of Depths - The Psalms Speak for Us Today*, 노희원 옮김, 『시편의 깊은 세계』 (서울: 대한기독교서회, 1997), 73 이하.

e. 하나님의 응답(확신의 말)

시편 기자의 신뢰에 대한 표현은 그의 기도가 열납될 것이라는 확신으로 나타난다. 어떤 탄원시에서는 이 확신의 말이 제사장이나 예언자에 의해 선포되는 것으로 보인다(예. 시 12:5). 그리하여 이 부분은 '찬양하리라'는 결론적 서약의 길을 예비한다.

f. 찬양을 위한 서약

하나님이 듣고 응답하실 것이라는 확신 속에서 탄원자는 여호와의 이름을 부르겠다는 것과 공동체 앞에서 하나님이 하신 행사를 증언하리는 것(시 7:17, 13:6)을 서약한다.

탄원시의 대표적인 예는 바로 애가(哀歌 혹은 만가, 장송곡: 1, 2, 4장은 히브리어 <에카>로 시작한다)이다. 애가서는 예루살렘의 함락을 슬퍼하는 모두 다섯 편의 개인탄원시와 공동체탄원시로 이루어져 있다. 애가의 전체구성은 흥미롭다. 내용적으로 1장과 5장이 대응되고, 2장과 4장이 대응된다. 그러므로 3장은 중심으로서 이스라엘의 회개를 언급한다. 5장은 공동기도문이다. 그러므로 애가서는 간구로 끝나는 것이 된다. 이와 같이 애가서는 예루살렘의 함락의 비극적인 모습을 묘사하면서도 거기서 벗어나서 새로운 삶을 엮어 가려는 희망적인 모습을 담는다.

3. 개인감사시

개인감사시란 주어가 일인칭 단수이고, 자신이 당한 환란에서 하나님께 간구하자 하나님이 들으시고 구원해 주신 것을 감사하(고 찬양하)는 시이다. 그런데 '감사'는 무엇을 말하는가?

> "히브리어 동사 <호다>는 우리가 생각하는 식으로 '감사(thanks)'라는 말의 뜻에 국한되지 않는다. <호다>는 '인정하다', '고백하다', '선포하다'라는 좀 더 넓은 의미를 지닌다. 그러므로 이 단어는 찬양시편에서처럼 '찬양하다'라는 의미의 동사와 동의어(parallel)로 함께 사용된다."[105]

여기서 보는 대로, 감사는 찬양의 의미를 갖는다. 그리고 감사와 찬양은 탄원을 전제한다. 탄원의 상황 가운데 있으면 자신이 처한 어려운 상황을 하나님께 아뢰고 도움을 청하는 탄원시가 나오고, 탄원의 상황에서 벗어나면 구원해 주신 하나님께 감사하는 시가 나오는 것이다. 그래서 감사시와 탄원시는 동전의 양면이라고 할 수 있다. 개인감사시에 속하는 시편들로는 18편, 30편, 32편, 34편, 41편, 66편, 92편, 116편, 118편, 138편 등이 있다.

개인감사시편의 구조는 다음과 같다:[106]

a. 서론부

서론부에서 예배자는 하나님께 감사드리겠다고 하는 자신의 의도를 선포한다. 이 연설은, 예를 들면 시편 30편에서와 같이, 2인칭 단수인 '당신'thou으로 부르면서 여호와께 드려진다.

---

105) 위의 책, 98.
106) 위의 책, 103.

b. 본론부 - 시편 기자의 체험담

시인은 자신이 처한 고충을 묘사하고 도움을 위해 외친다. 하나님은 그의 외침을 듣고 그를 구원하신다.

c. 결론부

예배자는 여호와의 자비한 행동을 다시 증언한다. 미래의 도움을 위한 기도, 여호와가 인자하다는 고백 혹은 어떤 다른 공식문구들이 첨가되기도 한다. 그러면 개인감사시편들 가운데서 시 30편을 읽어 보자.

부름과 감사이유	(1) 여호와여 내가 주를 높일 것은 주께서 나를 끌어 내사 내 대적으로 나를 인하여 기뻐하지 못하게 하심이니이다 (2) 여호와 내 하나님이여 내가 주께 부르짖으매 나를 고치셨나이다 (3) 여호와여 주께서 내 영혼을 음부에서 끌어내어 나를 살리사 무덤으로 내려가지 않게 하셨나이다
감사권유	(4) 주의 성도들아 여호와를 찬송하며 그 거룩한 이름에 감사할지어다 (5) 그 노염은 잠깐이요 그 은총은 평생이로다 저녁에는 울음이 기숙할지라도 아침에는 기쁨이 오리로다 (6) 내가 형통할 때에 말하기를 영영히 요동치 아니하리라 하였도다
시편기자가 당한 고통과 탄원	(7) 여호와께서 주의 은혜로 내 산을 굳게 세우셨더니 주의 얼굴을 가리우시매 내가 근심하였나이다 (8) 여호와여 내가 주께 부르짖고 여호와께 간구하기를 (9) 내가 무덤에 내려갈 때에 나의 피가 무슨 유익이 있으리요 어찌 진토가 주를 찬송하며 주의 진리를 선포하리이까 (10) 여호와여 들으시고 나를 긍휼히 여기소서 여호와여 나의 돕는 자가 되소서 하였나이다
하나님이 행하신 사역	(11) 주께서 나의 슬픔을 변하여 춤이 되게 하시며 나의 베옷을 벗기고 기쁨으로 띠 띠우셨나이다
시편기자의 약속	(12) 이는 잠잠치 아니하고 내 영광으로 주를 찬송케 하심이니 여호와 나의 하나님이여 내가 주께 영영히 감사하리이다

믿음으로 모든 어려움을 이겨내고, 하나님께 약속한 대로 감사와 찬양을 돌리는 사람의 모습. 얼마나 보기 아름다운 장면인가?

4. 제왕시편

제왕시편(royal psalms)이란 말 그대로 왕과 관련을 갖는 시들이다. 왕의 대관(2편, 101편, 110편)과 그 예식(21편, 72편), 결혼식(45편), 출정식(20편), 개선행진(18편), 시온전승(132편)들이 제왕시의 소재들이다. 이 시들은 후에 메시야 시편으로 이해되었고, 신약은 예수 그리스도에 대한 예언으로 해석했다. 시편 2편을 읽어 보자.

(1) 어찌하여 열방이 분노하며 민족들이 허사를 경영하는고
(2) 세상의 군왕들이 나서며 관원들이 서로 꾀하여 여호와와 그 기름받은 자를 대적하며
(3) 우리가 그 맨 것을 끊고 그 결박을 벗어 버리자 하도다
(4) 하늘에 계신 자가 웃으심이여 주께서 저희를 비웃으시리로다
(5) 그때에 분을 발하며 진노하사 저희를 놀래어 이르시기를
(6) 내가 나의 왕을 내 거룩한 산 시온에 세웠다 하시리로다
(7) 내가 영을 전하노라 여호와께서 내게 이르시되 너는 내 아들이라 오늘날 내가 너를 낳았도다
(8) 내게 구하라 내가 열방을 유업으로 주리니 네 소유가 땅끝까지 이르리로다
(9) 네가 철장으로 저희를 깨뜨림이여 질그릇같이 부수리라 하시도다
(10) 그런즉 군왕들아 너희는 지혜를 얻으며 세상의 관원들아 교훈을 받을지어다
(11) 여호와를 경외함으로 섬기고 떨며 즐거워할지어다
(12) 그 아들에게 입맞추라 그렇지 아니하면 진노하심으로 너희가 길에서 망하리니 그 진노가 급하심이라 여호와를 의지하는 자는 다 복이 있도다

베드로는 시편 2편을 예수 그리스도에 대한 시로 해석했다.

(23) 사도들이 놓이매 그 동류에게 가서 제사장들과 장로들의 말을 다 고하니 (24) 저희가 듣고 일심으로 하나님께 소리를 높여 가로되 대주재여 천지와 바다와 그 가운데 만유를 지은 이시요 (25) 또 주의 종 우리 조상 다윗의 입을 의탁하사 성령으로 말씀하시기를 어찌하여 열방이 분노하며 족속들이 허사를 경영하였는고 (26) 세상의 군왕들이 나서며 관원들이 함께 모여 주와 그

그리스도를 대적하도다 하신 이로소이다 (27) 과연 헤롯과 본디오 빌라도는 이방인과 이스라엘 백성과 합동하여 하나님의 기름부으신 거룩한 종 예수를 거스려 (28) 하나님의 권능과 뜻대로 이루려고 예정하신 그것을 행하려고 이 성에 모였나이다(행 4: 23 – 28).

베드로는 시편 110편도 예수에 대한 예언으로 해석한다(행 2:34 – 36).

5. 찬양시

'찬양시'는 하나님을 찬양하는 내용으로만 이루어진 시이다. '하나님을 찬양하라', '하나님을 송축하라', '내가 하나님을 찬양하리라'는 구절처럼 하나님찬양을 권유하거나 명령하는 말이나 찬양을 결심하는 말들이 앞에 나오고, 그다음에 찬양할 이유와 찬양의 내용, 그리고 찬양의 방식들이 언급된다. 찬양시는 원래 예배의 정규 순서에서 찬양대가 부르도록 의도한 것인데, 시간이 흐름에 따라서 제의적인 것에서 벗어나 저자 개인의 찬양과 헌신을 표현하는 것으로 바뀌었다고 한다.

찬양시에 속하는 시편으로는 8편, 19편, 29편, 33편, 45편, 48편, 96편, 100편, 103편, 105편, 111편, 113편, 114편, 115편 117편, 135편, 136편, 145 – 150편이 이 있다. '시온의 노래'인 46편, 48편, 76편, 87편과 '대관식노래'인 47편, 93편, 97편, 99편, 96편 10절 이하, 그리고 98편도 찬양시에 포함시킬 수 있다. 여기에 보는 것처럼 찬양시는 4권과 5권에 많이 수록되어 있다. 시편 33편과 136편은 찬양시가 무엇을 노래하는지 잘 보여 준다.

	33편	136편
찬양하라는 부름	1 – 3	1 – 3
찬양해야 할 이유	4 – 5	1 – 4
창조주이기 때문에	6 – 9	5 – 9
역사의 주이기 때문에	10 – 12	10 – 22
자기 백성의 구원자	13 – 19a	10 – 22
구원자	18 – 19a	23 – 24
보존자	19b	25

다음은 찬양시편의 대체적인 구조이다.[107]

a. 서론 – 예배로의 부름

이는 보통 명령적이고 2인칭 복수로 나타난다. 그러나 시편 95
편1절 – 2절에서와 같이 명령적인 공식문구인 '오라, 우리가 노래
하며' 혹은 시편 기자가 자신에게 외치는 '나의 영혼아, 여호와를
찬양(송축)하라'(시 103:1)도 나타난다. 서론에서 타종된 어조는 시
편에서 계속 반복되며(예. 95:6) 혹은 더 길게 확장되어 나타나기
도 한다(예. 시 148).

b. 주요 몸체 부분 – 찬양을 위한 동기

많은 경우에 있어서 찬양을 위한 동기의 변천은 시편 33편4절 혹
은 95편3절, 7절에서처럼 '왜냐하면'(히브리어 <키>)에 의해서 도입
된다. 이는 시편 103편3절 – 5절에서처럼 때로는 히브리 분사 " – 하
시는 분"(개역에서는 "그가 – 하시다"로 풀어 번역됨)과 같은 변형으
로 나타나기도 하며, 창조나 역사에서 드러난 하나님의 위대하심을
묘사하는 매우 긴 문장을 포함하기도 한다(예. 시 104편5절 – 30절).

---

107) 위의 책, 121 이하.

c. 회상 ─ 흔히 시편은 찬양하라는 새로운 부름과 함께 결론을 맺는다. 이리하여 서론에서 타종된 어조를 다시 한번 메아리치게 한다.

시편을 마무리하는 150편을 읽어 보자.

찬양할 장소: 어디서 찬양할 것인가?	(1) 할렐루야 그 성소에서 하나님을 찬양하며 그 권능의 궁창에서 그를 찬양할지어다
찬양할 내용: 무엇을 찬양할 것인가?	(2) 그의 능하신 행동을 인하여 찬양하며 그의 지극히 광대하심을 좇아 찬양할지어다
찬양할 때 사용하는 악기: 무엇으로 찬양할 것인가?	(3) 나팔 소리로 찬양하며 비파와 수금으로 찬양할지어다 (4) 소고 치며 춤추어 찬양하며 현악과 통소로 찬양할지어다 (5) 큰 소리 나는 제금으로 찬양하며 높은 소리 나는 제금으로 찬양할지어다
찬양할 사람들: 누가 찬양할 것인가?	(6) 호흡이 있는 자마다 여호와를 찬양할지어다 할렐루야

여기서 보는 것처럼 시편 150편은 찬양의 여러 요소들을 제대로 갖추고 있는 정형적인 찬양시편이며 시 전체가 찬양을 권유하는 형태로 이루어져 있다. 이처럼 완벽한 찬양시 형태를 갖추고 있는 150편으로 시편이 끝나는 것은 매우 자연스럽고 당연한 것이다.

지금까지 다섯 개의 시 유형을 살펴보았는데, 어떤 시가 하나의 유형으로 분류될 수도 있지만, 한 편의 시가 여러 가지 유형을 갖기도 한다. 앞으로 시를 읽어 나갈 때, 이 시가 어떤 문학유형을 갖고 있는지를 살펴서 읽으면, 더 깊은 감동을 받을 것이다. 시의 유형을 알면, 그 시가 어떤 삶의 정황을 반영하고 있는지를 보다 잘 알게 되고, 그럼으로써 그 시에 더 깊숙이 들어갈 수 있기 때문이다. 그리고 시편 표제들도 그 시를 더 생생하게 이해하는 데 도움을 준다(물론 시편의 표제들은 후대에 붙여진 것도 있지만, 이 표제들은 시편을 읽으면서 그것과 연결될 만한 성경구절을 찾아내고 그러면서 더 깊은 감동을 가지고 시편을 읽어 온 우리 믿음의 선조들의 신앙을 담고 있다). 시편 3편을 예로 들면, 이 시를 그냥 읽을 때와 다윗이 어려움을 당하는 모습을 상상하면서 읽을 때와는 감동의 정도가 다를 것이다. 성경의 다른 부분들도 마찬가지겠지만, 특히 시편을 읽을 때는 독자들이 시편기자가 처한 상황 속으로 들어가서 함께 즐거워하고 함께 슬퍼하고 안타까워하며, 하나님께 부르짖고 또 감사하고 찬양할 때에야 비로소 시편을 제대로 읽는다고 할 수 있을 것이다. 이제 각 시편을 유형별로 분류해 보자[108]:

1	토라(지혜)시	38	개인탄원시 (참회시)	75	공동체감사시	113	찬양시
2	왕조시	39	개인탄원시	76	시온의 노래	114	찬양시
3	개인탄원시	40: 1-11	개인감사시	77	개인탄원시	115	제의기도문
4	개인탄원시 (신뢰의 시)	40: 12-17	개인탄원시	78	구속사시 (지혜시)	116	개인감사시
5	개인탄원시	41	개인탄원시	79	공동체탄원시	117	찬양시
6	개인탄원시 (참회시)	42-43	개인탄원시	80	공동체탄원시	118	개인감사시 (창조)
7	개인탄원시	44	공동체탄원시	81	계약갱신 제의문	119	토라(지혜)시
8	찬양시	45	왕조시	82	제의 기도문	120	개인탄원시
9-10	개인탄원시 (알파벳시)	46	시온의 노래	83	공동체 탄원시	121	신뢰의 노래
11	신뢰의 노래	47	찬양시	84	시온의 노래	122	시온의 노래
12	공동체탄원시	48	시온의 노래	85	개인탄원시	·123	공동체탄원시
13	개인탄원시	49	지혜시	86	공동체탄원시	124	공동체감사시
14	개인탄원시	50	계약갱신제의문	87	시온의 노래	125	신뢰의 노래 (공동체탄원시)
15	입장기도문	51	개인탄원시 (참회시)	88	개인탄원시	126	공동체탄원시

---

108) 위의 책, 204-10.

16	신뢰의 시	52	개인탄원시 (혼합유형)	89	개인탄원시 (제왕시)	127	지혜시
17	개인탄원시	53	개인탄원시	90	공동체탄원시	128	지혜시
18	개인감사시 (제왕시)	54	개인탄원시	91	신뢰의 노래	129	공동체탄원시
19: 1-6	찬양시	55	개인탄원시	92	개인감사시	130	개인탄원시 (참회서)
19: 7-14	토라(지혜)시	56	개인탄원시	93	찬양시	131	신뢰의 노래
20	왕조시	57	개인탄원시	94	공동체탄원시	132	다윗계약 제의기도문
21	왕조시	58	공동체탄원시	95	찬양시	133	지혜시
22	개인탄원시	59	개인탄원시	96	찬양시	134	구속기도문
23	신뢰의 시	60	공동체탄원시	97	찬양시	135	구속사시 (찬양시)
24	찬양시	61	개인탄원시	98	찬양시	136	구속사시 (찬양시,공동체 감사시)
25	개인탄원시 (알파벳시)	62	신뢰의 시	99	찬양시	137	공동체탄원시
26	개인탄원시	63	신뢰의 시 (개인탄원시)	100	찬양시	138	개인감사시
27: 1-6	신뢰의 시	64	개인탄원시	101	왕조시편	139	개인탄원시 (지혜시)
27: 7-14	개인탄원시	65	공동체감사시 (공동체찬양시)	102	찬양시 요소를 지닌 개인탄원시 (참회시)	140	개인탄원시
28	개인탄원시	66: 1-12	찬양시	103	찬양시	141	개인탄원시
29	찬양시	66: 13-20	개인감사시	104	찬양시	142	개인탄원시
30	개인감사시	67	공동체감사시 (찬양시)	105	구속사(찬양시)	143	개인탄원시
31	개인탄원시	68	시온 제의기도문	106	구속사시	144: 1-11	왕조시
32	개인감사시 (참회시)	69	개인탄원시	107	공동체감사시	145	찬양시 (알파벳시)
33	찬양시	70	개인탄원시	108	혼합유형	146	찬양시
34	개인감사시	71	개인탄원시	109	개인탄원시	147	찬양시
35	개인탄원시	72	왕조시	110	왕조시	148	찬양시
36	지혜시(탄원시, 찬양시)	73	지혜시	111	찬양시(알파벳시)	149	찬양시
37	지혜시 (알파벳시)	74	공동체탄원시	112	지혜시(알파벳시)	150	송영

C. 시편의 삶의 자리

1. 시편은 '노래'

시편은 원래 '노래'였다. 옛날 유대인들은 우리처럼 시편을 읽지 않았고, 시편을 가사삼아 악기를 연주하며 노래로 불렀다. 대부분의 시편들은 먼저 노래로 불렸고 그것들이 문자로 고착되기 전에 오랫동안 기도문으로 쓰였다.[109] 그리고 "모든 하나하나의 시편들은 길고도 넓은 과거 역사를 갖고 있다. 오직 맨 마지막 단계에서 문자로 고착된 형태를 가지고 나서야 책이라는 묶음 속으로 도입되어 들어간 것이다."[110]

> 시편의 목적을 살펴볼 때 우리는 시편 본문들이 특별한 이유로 구성되고 틀이 이루어졌다는 사실을 포착하게 된다. 우선 시들은 낭송과 낭독을 통해서 선언되고 실연과 발표, 또 노래를 통해서 연주하기 위한 것이었다. 시는 회중들이 모여 낭송되는 본문을 경청하기 위한 목적이 일차적인 의도였고 이런 목적에 사용하기 위해서 창작되었다.[111]

옛 유대인들뿐만 아니라 그 이후로도 많은 사람들이 시편에 곡을 붙여서 노래로 불렀다. 시편을 그냥 읽어도 가슴이 절절하고 벅차오르는데, 거기에 곡조를 붙여서 노래하면, 사람들이 얼마나 감동을 받을지 충분히 짐작할 만하다.

---

109) Westermann, 『시편 해설 – 시편의 구조, 주제, 메시지』, 21.
110) 위의 책, 26.
111) Seybold, 94.

2. 무엇을 노래했는가?

각 시편을 읽어 보면, 무슨 일이 일어났는지를 정확하게 알 수 없지만, 인간들이 삶에서 겪는 다양한 상황들이 드러난다. 시편 3편 앞부분을 읽어 보자:

(1) 여호와여 나의 대적이 어찌 그리 많은지요 일어나 나를 치는 자가 많으니이다
(2) 많은 사람이 나를 대적하여 말하기를 그는 하나님께 구원을 받지 못한다 하나이다 (셀라)

이 두 절을 보면, 구체적으로 언제 누구에게 어떤 일이 일어났는지는 알 수 없지만, 그 상황을 짐작할 수 있다. 어떤 사람이 주변 사람들에게 미움을 사서 큰 어려움을 당하고 비난과 조롱을 당하는 장면이 떠오른다. 이런 몹쓸 일을 겪은 사람이 마음이 너무 억울하고 답답해서 하나님께 노래로 하소연을 하는 것이다. 시편 6편1절－7절도 읽어 보자:

(1) 여호와여 주의 분노로 나를 책망하지 마시오며 주의 진노로 나를 징계하지 마옵소서
(2) 여호와여 내가 수척하였사오니 내게 은혜를 베푸소서 여호와여 나의 뼈가 떨리오니 나를 고치소서
(3) 나의 영혼도 매우 떨리나이다 여호와여 어느 때까지니이까
(4) 여호와여 돌아와 나의 영혼을 건지시며 주의 사랑으로 나를 구원하소서
(5) 사망 중에서는 주를 기억하는 일이 없사오니 스올에서 주께 감사할 자 누구리이까
(6) 내가 탄식함으로 피곤하여 밤마다 눈물로 내 침상을 띄우며 내 요를 적시나이다
(7) 내 눈이 근심으로 말미암아 쇠하며 내 모든 대적으로 말미암아 어두워졌나이다

이 노래를 부르는 사람은 하나님이 자신을 징계해서 큰 어려움을 겪는다고 생각한다. 그래서 쉴 새 없이 눈물을 흘리면서 하나님이 은혜를 베푸시고 고난에서 구해 주시기를 간구하는 노래를 부른다. 그가 겪는 일을 자세하고 정확하게 묘사하기보다는 은유적이고 상징적으로 표현을 하기 때문에 어떤 일을 당했는지 구체적으로 알 수는 없지만, 분명한 사실은 그가 직접 겪은 일로 하나님께 부르짖는 노래를 했다는 것이고, 사람들은 그 시편을 읽으면서 공감한다는 것이다. 그런데 우리가 읽은 시편 3편과 6편은 어려움을 당하는 사람이 자신이 얼마나 고통스러운지를 하나님께 아뢰고 도움을 청하는 시들이다. 이것을 '탄원'이라고 하는데, 모든 시편이 다 그런 것은 아니다. 시편 138편 앞부분을 읽어 보자:

(1) 내가 전심으로 주께 감사하며 신들 앞에서 주께 찬송하리이다
(2) 내가 주의 성전을 향하여 예배하며 주의 인자하심과 성실하심으로 말미암아 주의 이름에 감사하오리니 이는 주께서 주의 말씀을 주의 모든 이름보다 높게 하셨음이라
(3) 내가 간구하는 날에 주께서 응답하시고 내 영혼에 힘을 주어 나를 강하게 하셨나이다

이 시는 '탄원'과는 거리가 멀다. 시인은 하나님께 '감사'하고 '찬송'한다. 그가 어려움을 당할 때 하나님이 그를 도우셨기 때문이다. 우리는 이 시를 읽으면서 시인이 얼마나 감사로 충만한지 짐작할 수 있다. 이처럼 시편은 구체적인 삶의 자리에서 발생하고, 듣고 읽는 사람들을 공감케 하면서 모두의 노래로 확장되었는데, 내용을 살펴보면, 탄원과 찬양으로 크게 나뉜다.

시편 1편과 2편은 전체적인 구조로 보아, 서론의 역할을 한다.

그러면서 시편이 전체적으로 말하려는 것을 요약한다. 그러면 시편의 본론부는 시편 3편부터 시작한다. 그런데 시편 3편에서 7편까지는 탄원시들이다. 그리고 맨 마지막으로 가 보면, 시편 146편에서 150편까지의 다섯 편이 모두 할렐루야로 시작해서 할렐루야로 끝나는 '할렐루야 시편'들이다. 시편은 탄원으로 시작해서 찬양으로 끝난다. 시편은 탄원에서 찬양으로 나아가는 서사구조를 갖는다. 시편을 읽으면, 시편이 탄원에서 하나님에 대한 확신, 메시아의 왕국, 이상적인 사회의 모습을 거쳐서 완벽하고 순수한 하나님 찬양으로 마무리되는 것을 알 수 있다. 1권과 2권에는 탄원이 많이 나오고, 3권은 출애굽사건을 비롯한 하나님의 과거사역을 언급하며, 4권은 하나님의 왕권과 새 노래를 언급하고, 5권은 하나님의 역사하심에 대한 찬양과 감사찬양(107 - 118편), 율법을 강조하는 시(119편), 성전에 올라가는 노래(120 - 134편), 하나님의 역사하심에 대한 찬양과 탄원(135 - 145편), 완전한 찬양(146 - 150편)을 수록한다. 그래서 시편을 1편부터 읽으면, 탄원에서 하나님의 과거사역회상과 신뢰, 하나님의 왕권, 하나님예배와 찬양으로 나아간다.

3. 어디서 노래했을까?

옛 이스라엘 사람들은 어디서 노래했을까? 시편은 노래이긴 하지만, 일반적인 노래와는 다르다. 시편은 예배에서 기원하거나 예배에서 사용되고, 예배를 통해 유포되었다. 그런데 시편이 예배에서 비롯했다는 것이 구체적인 인간 삶과 거리가 있다는 것을 의미하지 않는다. 베스터만이 말한 것처럼, "고대 이스라엘 사람들은 예배와 삶을 나누어 생각하지 않았기 때문이다. 시편들은 사람들의 전체 삶의 가장 본질적인 부분을 드러내고 있을 뿐만이 아니라 바로 이 본질 적인 부분으로부터 이들 시편이 성장한 것이다."[112]

예배라는 것은 종교에 관심이 있는 사람들이 모여 있는 장소를 말할 뿐만 아니라 모든 사람의 삶이 그 속에 담겨 있고 또 그것을 통해서 박동하게 하 는 심장과도 같은 것이었다. 이것의 가장 중요한 특징은 전체로서의 공동체의 삶 속 혹은 어떤 특수한 개인들의 삶 속에 발생된 모든 것은 필연적으로 예 배의 맥락과 관련되어 있었으며 예배와 접촉되어 있었다는 것이다.[113]

이들 시편들이 실제로 일어난 삶의 정황은 혹은 이들 시편들이 말하고 있 는 사건들 자체는 예배의 맥락에서 나타나게 된 것이 아니고 국가나 개인들 의 구체적인 삶의 정황에서 나타나게 된 것이었다. 이들은 추수하는 들판에서 혹은 싸움의 전쟁터에서 혹은 광야에서, 가정에서 혹은 병상에서, 헤매고 있 던 거리에서 나타나게 된 것이다. 그럼에도 불구하고 예배는 이들 시편을 탄 생시킨 보금자리이다.[114]

그래서 시편은 여러 가지 예배 상황을 암시하는 것들로 가득 차 있다. 이러 한 암시들은 예루살렘 성전의 공중 예배에서 행해졌다고 가정했을 때 이해가 가능하다. 예를 들면 성전에 대한 예들은 시 23:6, 26:8, 27:4, 63:2, 96:6, 그 리고 122:1에 나타나고 있다. 24편, 68편, 118편과 132편은 예배가 어떻게 진 행되고 있는지를 보여 주는 것이다. 시 48:12는 시온산의 성벽을 돌고 있는 모 습을 암시하고 있다. 또한 여러 가지 희생 제물을 바치고 있는 모습을 보이고 있기도 하다. 일반적인 제물은 시 4:5, 27:6에, 번제는 시 20:3에, 계약 희생제 사는 시 50:5에, 그리고 자발적인 헌물은 시 54:6에 나타난다. 춤추는 장면에 대한 묘사가 나오고(시 54:6), 노래가 나오며(시 9:22; 30:4; 33:2; 47:6-7), 그 리고 여러 가지의 악기가 등장한다(시 33:2; 47:5; 81:2; 98:6; 150:5).[115]

찬양 시편은 성전 예배에서 회당으로, 그리고 결국은 초기 기독교 교회로 전수되어 갔다. 거기서 다시 이들은 가정으로 가족으로 많은 장소와 시대를

---

112) Westermann, 『시편 해설 – 시편의 구조, 주제, 메시지』, 27.

113) 위의 책, 22.

114) 위의 책.

115) Day, 250이하.

뛰어 넘어 옮겨 갔다. 찬양의 노래가 일어날 때마다 그 가족들이 모이는 곳이 자그마한 방이든지 혹은 성당이든지 혹은 심지어 감옥에서든지 간에 거기에 는 예배가 드려졌던 것이다.[116]

4. 언제 노래했는가?

a. 시대

시편은 여러 시대를 거치면서 눈덩이가 커지듯 그렇게 몸집이 커졌는데, 그러다보니 각 시대마다 사람들이 예배하면서 부른 다양 한 노래들이 시편에 들어 있다. 시대적으로 고대에 속한 시들을 찾아보자. 할러데이는 시편 2편, 110편, 18편이 다윗 시대에 만들 어진 것으로 본다.[117] 게리 렌즈버그는 시편에서 북부 지역 방언들 을 살피는 작업을 통해서 서른다섯 편이 북왕국에서 비롯한 것으 로 본다(시 2; 9 - 10; 16; 36; 시 42 - 49; 84; 85; 87; 88[고라의 시]; 50; 73 - 83 [아삽의 시]; 10; 53; 58; 116; 132; 133; 141).[118] 학자들은 제왕시를 열두 편으로 보는데, 다윗 시대에서 비롯한 2 편, 18편, 110편과, 북왕국에서 비롯한 시들 가운데 45편과 132편, 그리고 20편, 21편, 72편, 89편, 101편, 144편이다.[119] 솔로몬 시대 의 전형적인 시는 24편, 104편, 131편이다.[120]

---

116) Westermann, 『시편 해설 - 시편의 구조, 주제, 메시지』, 118.

117) William L. Holladay, *The Psalms through Three Thousand Years - Prayerbook of a Cloud of Witness* (Minneapolis: Fortress Press, 1993, 1996), 23 이하.

118) 위의 책, 27 이하.

119) 위의 책, 38.

120) 위의 책, 39.

b. 절기

이스라엘 사람들은 특정한 절기를 통해서 하나님에 대한 신앙을 표현했다. 그들은 구체적인 삶 속에서 하나님을 창조주로, 그리고 구속주로 경험했으며, 이러한 경험을 절기에서 제의형식으로 표현했다. 여호와는 그들뿐만 아니라 온 세상에 삶을 주고 삶을 변화시키는 분이었다.[121]

가장 오랜 절기 목록은 출애굽기 23장14절 – 17절이며,[122] 둘째로 오랜 절기 목록은 출애굽기 34장18절 – 26절이고, 셋째로 오랜 절기 목록은 신명기 16장1절 – 17절로 주장된다. 절기목록은 민수기 28 – 29장에도 나온다. 고대 이스라엘의 월력(농경이 중심이었던 고대 사회에서 달력은 농사력이었고, 농사를 짓고 살았던 당시 사람들의 삶을 전체적으로 통제하는 것이었다)에 의하면, 이스라엘은 1월 중순경(오늘날의 3 – 4월)부터 시작해서 7월 중순경(오늘날의 10 – 11월)까지 7개월 동안 모두 다섯 번 곡식걷이를 한다. 유대인의 절기로 보면 곡식걷이는 유월절 기간에 시작해서 초막절에 끝난다. 첫 곡식걷이는 1월 중순, 즉 유월절(과 무교절) 도중에 시작한다. 유월절이 1월 14일에 시작하고, 무교절은 15일에 시작하는데 이날은 안식일이다. 곡식걷이는 안식일 다음날부터 시작하기 때문에, 이스라엘 월력으로 1월 16일에 첫 곡식걷이를 시작한다. 이때로부터 50일째 날이 칠칠절 또는 맥추절이다. 그리고 곡식걷이는 7월15일 초막절에 하는 가을걷이로 끝난다. 그러면 3대 절기를

---

121) Walter Brueggemann, *Worship in Ancient Israel – The Essential Guide* (Nashville: Abingdon Press, 2005), 12.
122) 10 – 13절은 후대의 첨가로 주장된다. 위의 책, 13.

하나씩 살펴보자.

1) 유월절

이스라엘의 추수는 이스라엘의 출애굽을 기념하는 유월절 기간 동안에 시작한다. 우리는 유월절과 무교절이라는 절기를 묶어서 유월절이라고 부르는데(그래서 편의상 유월절과 무교절을 묶어서 '유월절'로 부르려 한다), 실제로 유월절은 1월 14일이고, 누룩 넣지 않은 빵을 먹는 무교절은 15일부터 21일까지 일주일 동안이다. 무교절 첫날이 성일(안식일)이고, 그다음날, 즉 16일부터 추수를 시작한다.

2) 칠칠절

이 절기는 유월절의 초실일로부터 칠 주간(7x7)이 지난날이라 해서 '칠칠절'이라고 부르며, 그때에 보리를 거두어들이기 시작하기 때문에 '맥추절'이라고도 한다. 그리고 출애굽기 34장22절은 이 절기를 '맥추의 초실절'이라고 부른다. 보리의 첫 결실을 주님께 바치는 날이다. 그리고 초실일로부터 50일째 되는 날이라고 해서, 신약에서는 '오순절'(여기서 '순'은 우리가 보통 한 달을 셋으로 구분해서, 초순, 중순, 하순이라고 할 때의 '순'으로, 10일 단위를 말한다)이라고 한다. 이렇듯 칠칠절은 초실절, 맥추절, 오순절로 불리며 기간은 칠 일이다.

3) 초막절

초막절은 7월 15일에 시작하고 기간은 일주일이다. 원래는 이스라엘 월력으로 일 년은 가을부터 시작되고(민간력) 정월은 가을의

에다님월(혹은 티쉬리월, 7월)이었다.[123] 나팔절인 7월(에다님월) 1일이 신년축제일이었으며, 새해를 축하하기 위해서 나팔을 불었다. 이때 지켜졌던 초막절은 가을추수감사절에 해당한다. 초막절은 이스라엘 백성들이 광야생활을 하던 것을 추억하면서 초막을 짓고, 거기에 거한다고 해서 붙인 이름이다. 이러한 연유를 레위기 23장은 이렇게 설명한다:

> 이레 동안 너희는 초막에서 지내야 한다. 이 기간에 이스라엘의 본토 사람은, 누구나 초막에서 지내야 한다. 이렇게 하여야 너희의 자손이, 내가 이스라엘 자손을 이집트 땅에서 인도하여 낼 때에, 그들을 초막에서 살게 한 것을 알게 될 것이다. 나는 주 너희의 하나님이다(레 23:42 - 43).

당시 사람들은 추수할 때, 들판에 초막을 짓고 거기서 거주하면서 추수를 했다. 초막은 추수용으로 지은 것이지요. 그런데 이스라엘 사람들은 이 초막을 그들이 출애굽 할 때에 여기저기에 쳤던 장막과 동일시한다. 초막절은 원래는 농사절기인데, 이스라엘이 이것을 출애굽과 관련을 시키고, 추수를 하면서도 출애굽을 잊지 말고 기억하라는 의미로 이스라엘 사람들이 바꾸었음을 알 수 있다. 이 절기에 관해 레위기 23장은 초막(또는 장막)을 짓고 광야생활을 기억한다는 의미를 강조하고, 출애굽기 23장은 곡식 저장(그래서 수장절이라고 한다)을 강조한다: '또한 너희는 밭에서 애써 가꾼 것을 거두어들이는 한 해의 끝 무렵에 수장절을 지켜야 한다'(출 23:16절하). 이런 절기들 동안 옛 이스라엘 사람들은 함께 모여서

---

123) 그러던 것이 요시야가 일으킨 종교개혁 때에 월력체계가 바뀜에 따라 종교력과 같이 봄부터 일 년이 시작되고 정월이 봄의 아빕월(혹은 니산월, 1월)로 바뀌게 된다.

다양한 노래를 불렀을 것이다.

그리고 공동체탄원시는 고대 이스라엘에 '탄식일', 즉 사람들이 특정한 날에 함께 모여 탄식했음을 보여 준다(수 7:5 - 9; 삿 20:23, 26; 삼상 7:6; 대하 20:3이하; 렘 14장; 욜 1 - 2장; 슥 7:3, 5; 8:19; 유딧 4:9 - 15).[124]

> 금식, 부대자루 뒤집어쓰기, 통곡하기, 겉옷 찢기, 먼지와 재를 머리에 뒤집어쓰기 등이 이런 절기에 행해지던 행사들이었다. 특히 유딧 4:9 - 15는 이러한 면을 생생하게 잘 나타내 준다고 하겠다. 스가랴 7:3,5와 8:19는 포수기와 포수기 이후에 지켜지고 있던 탄식의 날들을 보여 주고 있다.[125]

4) 가을축제

모빙켈은 시편이 제의와 밀접한 관련이 있다고 생각했고, 이러한 생각은 '신화와 제의학파'의 연구로 이어졌다. 그들은 주변나라들이 지키는 절기들, 특히 신년축제와 즉위식과 연관시켜서 그러한 절기들을 이스라엘 사람들도 분명히 지켰을 것으로 확신한다. 또한 이스라엘 사람들은 장막절 또는 신년감사일을 중요하게 생각했을 것이다.[126] 포로기 이전 이스라엘 백성들은 장막절을 "한 해의 끝을 표시하면서 새로운 해의 도래를 전해 주는 의미로 여겼던 것 같다."[127] 스가랴 14:16 이하는 예배에서 여호와를 왕으로 섬기는 것과 장막절 축제가 연관이 있음을 보여 준다. 그런데 바이저(A. Weiser)는 폰라트(von Rad)의 제안을 바탕으로 가을 축제에 지배적

---

124) Day, 53.
125) 위의 책.
126) Kidner, 8 이하.
127) Day, 105.

으로 나타나는 주제는 여호와의 왕위 임직이 아니라 오히려 계약 갱신이라는 견해를 내놓았다. 바이저는 왕위 임직을 계약 갱신 축제의 일부분이라고 본다.[128] 롤랑 드 보(Roland deVaux) 역시 구약 성경에서 그러한 절기에 관한 것을 찾아보기 어렵고, 즉위식과 관련한 구절들은 여호와가 왕임을 선포하는 것이라고 주장한다.[129] 시편 80, 81편을 통해서 우리는 가을 신년 축제와 연관성을 찾을 수 있다. 신명기 31:9 이하와 느헤미야 8:2에 따르면 가을 신년축제 때에 율법책을 읽었음을 알 수 있다.

---

128) 위의 책, 127.

129) Kidner, 13.

Ⅸ. 시편의 신학

채은하

시편은 구약성경의 율법서나 예언서처럼 하나님께서 직접 전해 주시는 계시의 서술이 아니라 하나님 신앙을 간직한 사람들의 노래와 기도 등으로 구성되어 있다. 이를테면 시편은 하나님과의 관계에 뿌리를 둔 인간의 신앙과 경험에 기초한 것이다. 집단이든 개인이든 이스라엘 백성은 기도나 찬양 때로는 의심이나 저항과 같은 태도로 하나님께 대한 자신의 마음을 고백하고 있다. 그러므로 시편은 하나님을 향한 인간의 반응이요 응답이다.[130] 이런 측면에서 시편의 신학은 시편에 등장하는, 노래하는 자, 기도하는 자 혹은 말하는 자들의 증언, 곧 그들의 찬양과 고백과 기도와 교훈이 담긴 내용을 계시적 차원에서 다루는 것이다.[131]

그러나 150편이나 되는 방대한 분량에서 시편의 신학을 질서 있게 정리한다는 일은 결코 간단한 일이 아니다. 시편의 분량도 많

---

130) Hans-Joachim Kraus, *Theologie der Psalmen*, 신윤수 역, 『시편의 신학』 (서울: 비블리카 아카데미아, 2004), 14-15.

131) P. Craigie, *Psalms 1-50*, 손석태 역, 『시편 1-50』 (서울: 솔로몬, 2000), 39-40; 차준희, 『시편 신앙과의 만남』 (서울: 대한기독교서회, 2004), 50.

지만 그 내용이나 양식도 다양하기 때문이다. 이런 이유 때문에 시편과 관련된 많은 서적들이 시편의 신학을 다루고 있지만 그 주제들이 참으로 다양하고 통일성도 적다. 시편의 신학은 시편에 등장하는 하나님과 그와 관계를 맺는 인간(기도자 혹은 찬송하는 사람)에 의해 결정된다고 할 수 있기에 그 내용은 무엇보다 하나님과 인간의 이해가 중요하다. 그러므로 본 서에서는 시편의 신학을 다루는 데 있어서 하나님과 인간을 중심으로 다음의 주제들로 제한하고자 한다: 1) 하나님; 2) 인간; 3) 가난한 자; 4) 여호와의 기름부음을 받은 자. 이 주제들은 시편 신학의 내용과 깊이를 파악하는 데 중요한 개념들이다.

A. 하나님

시편에서 고백된 하나님에 관하여 다양한 주제들로 접근할 수 있지만 이스라엘의 하나님과 창조주와 역사의 주인의 범주에서 하나님을 이해할 수 있을 것이다.

1. 이스라엘의 하나님 여호와

시편 기자들은 그들 신앙의 궁극적인 주체자인 하나님에 대하여 과연 어떻게 이해하고 있는가? 하나님에 관한 물음에 가장 분명 답할 수 있는 것은 우선 그의 이름(들)에서 나타난다. 그들은 하나님의 호칭에 있어서 가장 민족적인 이름을 사용하고 있다. 이를테면 하나님은 '이스라엘의 하나님 여호와'(시 41:13; 59:5; 68:8; 106:48), '아브

라함의 하나님'(시 47:9)이고 '야곱의 하나님'(시 20:1; 24:6; 46:7,11; 75;9; 76:6; 81:1, 4; 84:8)으로 불리고 있다. 이처럼 시인은 여호와 하나님을 이스라엘의 역사 안에서 인식하고 그 안에서 하나님 신앙을 찾고 있다. 그렇기에 여호와 하나님은 이스라엘 국가의 주인 <아돈>이시다(시 12:4). 그는 이스라엘을 형성한 분이시고 최고의 지배자이시다(시 105:21). 이스라엘의 하나님 여호와는 무한한 주권과 자유를 지니신 주님이시다. 그러므로 그는 <아도네 하아도님> 곧 '주인들의 주님'(또는 주인들 중에서 가장 뛰어난 주님)이시다(시 136:3). 그는 온 땅을 다스리시고(시 114:7), 온 땅의 주님으로서 온 세상을 통치하신다(시 97:5). 이스라엘은 그를 <아도네누>('우리의 주님')라고 부른다(시 8:1, 9; 135:5; 147:5). 그의 이름은 온 땅위에 넘친다(시 8:1, 9). 이스라엘의 하나님 여호와는 모든 신들 위에 뛰어나시다(시 135:5). 이렇게 시편은 여호와는 이스라엘의 하나님이심을 만방에 선포하고 찬양한다. 뿐만 아니라 그분은 열방과 온 세상의 주님이시다. 또한 여호와 하나님은 이스라엘의 심판자일 뿐만 아니라 열방의 심판자이시기도 하다(시 7:8; 9:8l; 19; 58:11; 82:8; 94:2; 96:10, 13; 98:9).

이스라엘은 여호와 하나님의 주인되심이 그들의 해방과 구원과 도움을 가져오는 능력임을 인정하고 찬양하고 선포한다. 여호와는 '우리의 구원이신 하나님'(시 65:5; 79:9; 85:4) 또는 '나의 구원이신 하나님'(시 18:46; 24:5; 27:9)으로서 해방과 구원의 상징이요 이스라엘의 선택 및 애굽의 종살이로부터의 해방의 표상이시다(시 78:12; 43; 51; 80:8; 81:5, 10; 114:1; 138:8, 9; 136:10). 여호와 하나님은 이스라엘에게 도움을 주시고 보호해 주는 분이시다. 시편에는 여호와 하나님의 도움을 가리켜 나의 힘, 나의 바위, 나의 피난처, 나의 구원자, 나의 하나님, 나의 반석, 나의 방패, 나의 구원의 뿔, 나의 요새(시 18:2; 28:1; 31:2, 3; 42:9; 62:2, 6, 7)로 표현하고 있다.

여호와 하나님은 무엇보다 유일하신 분이시다. 여호와는 어떤 다른 신들과도 비교될 수 없고 단지 허상 지나지 않는 우상들(시 115:4 - 8; 135:15 - 8; 81:10)을 능가하는 하나님이시다(시 97:7). 이스라엘의 하나님 여호와만이 신들 중의 참 하나님이요 주님들 중의 주님이시기에, 그분만이 오로지 예배의 대상이 되어야 한다. 이러한 무조건적인 유일신론적 확신은 다신론적인 고대 근동의 주변 환경과 타협할 수 없었다. 때문에 이스라엘의 종교 지도자들과 예언자들은 가나안의 토착 종교인 바알과 아세라 신과의 혼합(예. 사사 시대와 왕정 시대)을 강력하게 금지하였던 것이다.

2. 창조주 하나님

이스라엘의 하나님 여호와는 천지를 지으시고 주관하시는 창조주이시다(시 8; 33:6 - 7; 104). 여호와 하나님의 위대성이 드러나는 자리는 바로 창조의 업적에서이다. 온 세상이 하나님의 경이로운 창조 세계를 노래한다(시 19; 89; 93; 111; 147:8 - 9; 148). 그러므로 하나님께서는 초월적인 분이시며, 모든 신들 위에 계시는 두려운 분(시 95)이시다. 그분은 대이변, 지진, 뇌우(시 29) 가운데 나타나시고, 당신의 현현을 수반하는 온갖 경이로운 일에서도 위대하심을 드러내신다(시 18; 144:5 - 6). 대자연이 서로 조화롭게 하나님을 노래하고, 하나님께서는 모든 자연을 인간에게 맡기셨다(시 104).

시인은 여호와의 이름을 송축하고 하늘과 땅뿐만이 아니라 원시 바다와 거대한 혼돈까지도 지으신 창조주(시 19:1, 4b)를 찬양한다(시 46:3 – 4; 74:14; 93:1 – 2; 95:5). 따라서 이 세상에 존재하는 모든 피조물은 오직 창조주 하나님께로만 되돌아와야 한다. 하나님의 창조 세계는 하나님을 찬양하게 만드는 중요 동기가 된다.132) 그의 창조물은 인간이 하나님을 알 수 있게 하는 한 채널이기도 하다.

> 여호와가 우리 하나님이신 줄 너희는 알지어다
> 그는 우리를 지으신 이요
> '우리는 그의 것'이니 그의 백성이요 그의 기르시는 양이로다(시 100:3).

하나님께서 '우리의 창조주라'는 신앙은 '우리는 그의 것'이라는 고백에서 드러난다(시 24:1 – 2). 하나님의 이름을 아는 사람들은 온 세상의 모든 것에서, 예를 들면 별이 빛나는 하늘에서 그의 임재를 인식한다. 그는 우주의 주시요 또 우주의 구세주이시다. 이스라엘의 하나님은 창조물 그 자체가 아니다. 그 모든 것을 지으신 창조주이기 때문에 자연의 모든 현상을 초월하신다. 그리고 인간은 하나님의 모든 피조물에 대해 지배권을 가지도록 위임을 받은 존재이다.133) 하지만 인간과 자연은 모두 창조주 하나님의 지배를 받는 피조물일 뿐이다. 여호와 하나님은 이스라엘의 주님으로, 그리고 개인적으로 각 사람들의 삶에 직접 관여하시고 도우시는 하나님이시다. 창조주이신 여호와 하나님의 이스라엘 신앙은 결국 하나

---

132) C. Hassel Bullock, *An Introduction to the Old testament Poetic Books*, 임영섭 역, 『시가서 개론』 (서울: 은성, 1999), 201.

133) Anderson, 136.

님에 종속된 인간 존재의 위치를 확인시킨다.

3. 역사의 주권자

시편 기자들은 이스라엘이 예배드리는 창조주는 동시에 인간의 역사를 처음부터 끝까지 주관하시는 역사의 주이심을 고백했다. 그들은 여호와 하나님의 이스라엘 선택에는 역사적 목적이 있다는 사실을 간과하지 않았다. 그 목적이란 이스라엘을 통해 이 세상의 모든 족속에게 복을 주는 것이다(창 12:3). 물론 하나님은 이스라엘만을 위해서 세상을 만드신 것이 아니다. 그러나 그분은 이스라엘을 선택하여 그분의 명령에 순종케 함으로써 거룩한 백성, 특별한 보배, 제사장의 나라가 되게 하셨다(출 19:5 - 6).[134]

이스라엘이 출애굽(시 105:25 - 38)과 광야 생활과 정복 전쟁(시 105:39 - 41; 시 136:10 - 21)에 대한 기억은 하나님께 대한 감사뿐만 아니라 민족의 자부심을 갖게 하는 대역사이다(시 105:37 - 38; 민 21:21 - 30, 31 - 35). 출애굽 사건(시 114; 147:2 - 4)을 비롯해 언약궤 이동(시 68; 132), 성전의 파괴(시 74; 80)와 유배로부터의 귀환(시 126) 등은 이스라엘 백성이 늘 상기해야 하는 이스라엘을 향한 하나님의 전폭적인 역사이다.

이스라엘이 자신의 역사적 사건을 반복적으로 고백하는 것은 이스라엘 백성을 위해 행동하신 역사의 주인이신 하나님을 기억하기 위해서이다. 이스라엘은 그의 역사를 통해 여호와 하나님의 신실하심과 진실하심을 반복적으로 경험하게 된다. 이스라엘의 하나님은

---

134) 차준희, 54.

자신의 목적에 충실하고 자신의 말씀에 신실하시다.[135] 그리하여
시편 기자들은 하나님께서 어떻게 이스라엘의 역사에 간섭하였는
지를 상기시키고 이스라엘의 소원과 희망을 하나님께 기도하고 찬
양한다(시 44, 77).

그러나 여호와 하나님은 이스라엘의 역사만이 아니라 온 땅과
만 백성에 관심을 두고 계신다. 여호와께서 이스라엘의 역사에 자
신을 드러내셨다는 것은 인간의 모든 역사에도 적용된다는 의미이
기 때문이다. 이스라엘의 역사에 간섭하신 하나님은 이스라엘 백성
만 아니라 이 세상의 모든 인간에게도 해당한다. 여호와 하나님은
온 세상의 창조주이시고 그 하나님은 모든 인간의 삶과 죽음을 통
치하신다(시 33:6 – 19). 그러므로 여호와 하나님은 모든 만물의 창
조주이시며 모든 인간의 구원자가 되신다.

시편 기자는 하나님을 매우 인간적인 모습으로 묘사하고 있다.
그는 인간에게 공의로우신 분이시라고 고백한다. 또한 하나님은 인
간을 철저히 보살피신다. 하나님은 인간을 인도하시고, 보상하며,
역으로 징벌하시기도 한다(시 10:1 – 5). 비록 악인들이 가끔 하나님
을 조소하며 역설적으로 그들의 성공을 자랑할지라도(시 10:1 – 5;
73; 123; 140), 불경건한 자들의 오만한 태도와 성공은 잠시일 뿐이
다. 재판관이신 하나님(시 58)은 이스라엘 국가의 원수들을 보복하
시고(시 79; 82; 83), 모든 죄인들을 심판하신다. 하나님은 불경한
자들을 미워하시고 겸손한 자들을 구출하신다(시 9 – 10; 46; 75).
하나님의 사랑과 온정, 인간에 대한 그분의 사랑 <헤세드>는 시

---

135) Anderson, 58.

편 곳곳에서 발견되고 있다. 하나님은 너그러우시고 자비로우신 분, 영원에서 영원까지 그분을 두려워하는 자에게 사랑을 베푸시는 분으로 찬양을 받으시는 분이다(시 103:4, 8, 17). 때로는 하나님은 자애롭고 불쌍히 여기시며, 화내기를 더디 하시고 사랑이 지극하신 분이시다(시 145:8 – 9).

무엇보다 여호와는 인간이 절대적으로 의존해야 할 하나님으로서 인간의 안녕과 복지에 관심을 두고 계신 분으로 묘사되고 있다. 하나님은 그의 양들을 돌보는 목자시요(시 23:1, 80:1), 목마를 때의 물이시요(시 42:1 – 2, 63:1 – 2), 그 새끼들을 날개 아래 보호하는 새이시며(시 91:1, 4), 공의를 선포하는 재판자이시고(시 50:4, 6) 전쟁터에서는 용사의 방패요(시 18:2) 원수가 침입했을 때는 요새(시 27:1)이시며 이스라엘과 그 땅의 왕이시다(시 98:6).

B. 인간

시편의 인간 이해는 구약성경의 다른 부분과 크게 다르지 않다. 시편 기자는 인간을 죄로 타락한 존재로 이해한다: '내가 죄악 중에서 출생하였음이여 어머니가 죄 중에서 나를 잉태하였나이다……우슬초로 나를 정결하게 하소서 내가 정하리이다 나의 죄를 씻어 주소서 내가 눈보다 희리이다'(시 51:5, 7).[136] 비록 인간의 죄의 기원에 대해서 자세하게 말하고 있지 않지만 인간은 죄인이라는 것이 시편 기자의 기본 전제이다. 인간은 가난과 핍박과 모략과 질병에

---

136) Bullock, 207.

시달리며 자신의 의로움에 대한 의문으로 고민하고 있다.[137] 오직 여호와만이 인간의 이런 문제들을 해결할 수 있다. 이 문제에 대한 인간의 유일한 해결책은 하나님께로 돌아가는 것이다(시 73:25).

그러므로 인간은 여호와 앞에서 자신의 모습을 비춰 보고 살펴보아야 한다. 왜냐하면 인간은 언제든지 하나님으로부터 벗어날 수 있기 때문이다. 인간은 여호와 앞에서 철저하게 무력하다. 하나님 앞에서 인간은 다음과 같이 왜소하게 느낀다: 여호와는 가만히 계신다(시 28:1; 35:22; 109:1); 여호와는 고난 중에 있는 자를 잊으셨는가?(시 9:12; 10:12; 13:1; 42:9); 그는 자기 얼굴을 감추셨는가?(시 10:1; 27:9; 30:7; 55:1; 104:29); 여호와는 주무시고 계시는가?(시 44:23; 78:65); 언제나 깨어나시려는가?(시 7:6; 44:23). 여호와 하나님 앞에서 모든 인간의 힘이나 능력, 전쟁 도구들은 무용지물이 된다. 인간은 쓸모없는 존재일 뿐이다(시 9:20). 인간은 무력하여 아무것도 할 수 없기에 시편의 인간은 하나님만을 기다리고 있다. 그러기에 '여호와 앞의 인간'은 이스라엘의 하나님과 동행하는 삶 속에서만 인간이 되고, 자신의 본래의 모습을 발견할 수 있다고 가르치고 있다.[138]

그러나 하나님은 그 어떤 피조물과는 비교할 수 없는 존엄성을 인간에게 부여해 주셨다. 여호와 하나님께서는 인간에게 영광과 존귀의 관을 씌워 주며 인간을 모든 피조물 위에 세우기도 하셨다. 더욱이 하나님은 인간을 신보다 조금 못하게 창조하셨고 모든 만물을 그의 발아래 두었다. 이것은 인간을 창조의 절정에 놓으셨음

---

137) Kraus, 『시편의 신학』, 340.

138) G. von Rad, *Old Testament Theology I* (London: SCM, 1975), 356 – 70.

을 고백한 것이다(시 8).

한편 많은 수의 탄원시는 시편 기자와 이스라엘을 괴롭히는 적들에 대한 비방들을 언급하고 있다. 시편 기자들과 그들의 동료들은 전쟁과 학살의 현장을 목격하며 살고 있다. 그들은 거짓을 말하는 자들에 의해 둘러싸여 있다(시 5:6). 성전의 지휘자들은 죄악이 처벌받지도 않는 현실에서 고통당하고 있다(시 58:10 - 11, 109:6, 8, 9 - 18, 20, 잠 25:26 - 28). 그런 상황에서 여호와 하나님만이 그들의 유일한 희망이다. 왜냐하면 여호와는 그들을 엄격하게 보응하시는 분이기 때문이다(시 21:9). 억울하게 정죄당한 사람들을 위해 하나님께서는 그의 적들을 보복해 주실 것이다(시 44:6 - 8; 60:3 - 4). 여호와를 기다리는 사람들에게 하나님은 그들의 피난처가 되신다.

C. 가난한 자

탄원시에서 시편 기자는 자신을 '가난하고 궁핍한 자'(<아니 웨에브욘>)라고 묘사한다(시 40:17; 69:29; 70:5; 86:1; 88:16; 109:22). 그렇다면 시편에서 여호와께서 당신의 보호 아래 두신다는 '가난하고 궁핍한 자'들의 정체는 과연 누구일까? 이들은 시편에서 여러 가지 다른 특징적인 용어로 불리기도 한다. 이들은 스스로 <아니>(가난한 자, 시 9:18; 10:2, 9; 14:6; 18:27; 68:10; 72:2; 74:19 등), <아나우>(가난한 자 혹은 고통받는 자, 시 9:12; 10:17; 22:26; 25:9; 34:2; 37:11; 69:33; 147:6; 149:4), <에브욘>(가난한 자 혹은 궁핍한 자, 시 40:17;

70:5; 72:4; 86:1; 109:22), <달>(약한 자, 천한 자 혹은 가난한 자, 시 41:1; 72:13; 82:3 – 4), <헬카>(불쌍한 자, 시 10:8; 10; 14)라고 부른다. 이 용어들은 자신이 스스로 원해서 선택한 자발적 가난보다는 외부 환경에서 영향을 받은 가난과 스스로의 겸손이라기보다는 모욕을 당해 낮아진 상태라는 의미에 더 가깝다.[139] 이들은 언제나 깊은 절망감 속에서 여호와 앞에 나와서 자신의 일에 개입해 주고 구원해 주기를 간구하는 사람들이다. 때문에 시편은 이스라엘의 '가난한 자'의 책이라 불릴 만큼 가난하고 약하고 절망에 빠진 사람들의 고백이라고 한다.

하지만 시편에서 '가난하고 궁핍한 자들'의 정체가 정확하게 무엇인지 그리 분명하지 않다. 많은 학자들이 이들의 정체성 연구에 심혈을 기울이고 있다. 랄프스(A. Rahlfs)는 '가난한 자'가 구약성경에서 하나님의 백성 중에서 특정한 무리 곧 헌신된 여호와의 추종자 집단을 가리킨다고 생각하고 있다.[140] 같은 맥락에서 꼬씨(A Causse)는 가난한 자들의 공동체가 특정한 이념과 전통을 공유하고 예배와 영감을 함께 한 영적인 가족이요 형제라고 여긴다.[141]

한편 비르켈란트(H. Birkeland)는 가난하고 궁핍한 자를 하나의 집단으로 보려는 견해를 거부하고 대신 현실적으로 고통을 받고 있는 사람이라고 주장하고 있다.[142] 그래서 시편에서 가난한 자는

---

139) 이 용어들은 시편에서만 67회가 사용되었다. Jean – Pierre Prévost, *A Short Dictionary of the Psalms*, 이기락 역, 『시편의 작은 사전』 (서울: 가톨릭출판사, 1997), 19.

140) Rahlfs, A. *'ani und' anav in den Psalmen* (Göttingen: Dieterich, 1892)은 H. – J. Kraus, 『시편의 신학』, 362에서 재인용됨.

141) Kraus, 『시편의 신학』, 363.

142) 위의 책, 363 – 64.

그 대적들의 희생양이다. 가난이라는 상황은 적대적인 세력의 공격 및 그로 인한 절망과 곤궁한 상태에 쉽게 빠지게 한다. 가난한 자는 구체적으로 특히 핍박받는 자, 비방당하는 자 그리고 무고하게 고소된 사람들로서 이들은 그 대적들의 막강한 힘에 맞서서 자신들을 방어할 능력이 없는 자들이다. 그러기에 이들은 여호와를 유일한 피난처로 삼을 수밖에 없다. 그리고 여호와의 현존 장소인 성소에서 가난한 자들은 의로운 재판장이신 여호와께 그들의 일을 맡길 수밖에 없고 여호와의 공의에 따른 자비와 도움을 호소한다(시 9:18; 10:2, 8 - 11; 18:27; 35:10; 74:19).

크로프트(S. Croft)는 '가난하고 궁핍한 자'라는 표현은 실제로 가난하고 억압받고 궁핍받는 사람들이 자신에 대하여 부르는 호칭으로 간주하고 있다.[143] 하지만 시편 34, 40, 140편의 경우 의인이나 왕과 같은 위치에 있는 이스라엘의 대표자가 하나님께 호소하는 자를 상징하는 비유로 사용되었다고 말하기도 한다.

가난한 자들에 대하여 <니쉬브레 렙>('마음이 깨진[상한] 자')라고 불리는 표현이 시편 34:18, 51:17, 145:3(사 61:1)에 나타난다. 이것은 그들이 개인이든 집단이든 가난하고 궁핍한 자는 또한 마음이 상한 자들을 가리키고 대내외적인 고난으로 인해서 그 생명의 중심인 마음에 상처를 입은 사람들이고 깊이 절망한 사람들임을 말한다. 때문에 이들은 스스로 자신이 아무런 가치도 없는 인간이라고 생각한다. 그러나 그들은 하나님께서 자신들을 받아 줄 것이라고 신앙을 갖고 하나님께 의지하면서 살아간다. 때로는 그들

---

143) Croft, 70 - 71.

이 경제적인 가난한 상태라기보다는 하나님의 강력한 보호를 기대하고 하나님 앞에 자신을 겸손하게 표현하는 수사학적인 비유로 보기도 한다.[144]

D. 여호와의 기름 부음을 받은 자

이스라엘은 고대 근동의 주변 국가와는 달리 국왕에 대하여 하나님의 아들이지만 신성을 부여하지 않는다(시 2:7). 왕은 그의 백성인 이스라엘과 더불어 하나님의 역사에서 특별한 역할을 수행하도록 선택된 인간일 뿐이다. 왕은 여호와의 대권자로서 약자와 억압받는 자를 위해서 정의로 통치하는 하나님의 도구이다(시 72).

이러한 이스라엘의 국왕이 시편에서 독특하게 '여호와의 기름 부음을 받은 자(마쉬아흐[메시아])'라는 용어로 불리고 있다. 심지어 여호와께서 친히 왕에게 거룩한 기름을 부었다고 선언한다(시 45:7; 89:20). 고대 근동에서 기름부음의 행위는 매우 중요한 의미를 가졌다. 이것은 통치자를 여호와의 보호 아래 두는 행위이며 그의 권위를 모독하면 안 된다는 표징이었다(시 105:15; 삼상 24:6; 시 89:20 - 28). 동시에 기름부음을 받은 자는 그의 직무 수행에 요구되는 카리스마를 수여받았으며 여호와가 세운 왕으로서의 직분을 수행하기 위한 전권을 부여받았다.[145] 이 행위는 이스라엘의 왕에게 권세와 직임을 수여하는 여호와의 선택을 보증해 주는 것이

---

144) 위의 책, 71.

145) Kraus, 『시편의 신학』, 264 - 65.

었다. 여호와 하나님께서 이스라엘을 위해 다윗과 그의 왕조를 선택하셨고 기름을 부으셨다(시 89:3, 20; 132:11).

많은 시편들은 기름 부음을 받은(을) 왕(시 2:2; 18:50; 20:6; 45:7; 89:20; 89:38)에 대한 선택과 희망을 노래하고 있다. 하나님의 기름 부음을 받은 왕은 하나님의 아들이다(시 2:7). 그는 왕으로서의 카리스마와 하나님 통치의 대리인이요 집행자로서 수행해야 할 구체적인 사명을 위임받은 사람이다. 그는 다윗 자손의 장자(시 89:27)로서 전쟁에서 승리할 것이다(시 21:7 – 12; 132:18; 144:10 – 11). 그는 궁극적으로 세상의 국가들을 통치(시 2:7 – 9; 72:8 – 11)할 것이다. 시편 기자는 그 왕이 정의와 의로움으로 통치하도록 기도하고 있다(시 72:1 – 4, 7). 왕은 번영과 평화를 가져올 것(72:3, 7)이며 그의 통치는 영원할 것이다(시 72:5). 왕은 하나님의 오른 편에 앉은 분(시 110:1)이요, 모든 적을 물리칠 것이다(시 72:5). 백성들을 의로 재판하는 것이 왕의 임무이지만 무엇보다 약한 자와 억압받는 자를 변호하고 보호하는 것이 그의 가장 중요한 직책이다(시 72:2, 4, 12이하). 여호와의 권능을 얻은 왕은 정의나 재판의 영역에만 한정된 것이 아니라 여기에는 땅과 백성의 <샬롬>도 보장해야 했다. 이것은 여호와가 그의 왕을 돌보아 주심으로써 가능한 일이다.

> 의로 말미암아 산들이 백성에게 평강을 주며 작은 산들도 그리하리로다. 그가 가난한 백성의 억울함을 풀어 주며 궁핍한 자의 자손을 구원하며 압박하는 자를 꺾으리로다.
> 그들이 해가 있을 동안에도 주를 두려워하며 달이 있을 동안에도 대대로 그리하리로다(시 72:3 – 5).

역사적으로 주전 587년 유다가 바벨론에 의해 패망한 이후 이스라엘에는 더 이상 왕이 존재하지 않게 되었다. 그 이후 시편에 묘사된 이와 같은 왕에 대한 희망은 '기름 부음을 받은 자' 대신 '기름부음을 받을 자'로 대체되었다. 즉 그 왕은 앞으로 오실 메시아로서 미래에 이스라엘과 세계에 공의와 정의와 평화를 가져올 분이시다. 시편의 제왕시편들은 이와 같은 메시아 희망을 성장시킨 모판이 되었다. 예언자들도 이런 메시아적 주제를 선택하고 이를 이스라엘의 궁극적인 희망으로 발전시켰다(사 9:1 - 7; 11:1 - 10; 렘 23:1 - 8; 미 5:2 - 6; 슥 9:9 - 10).

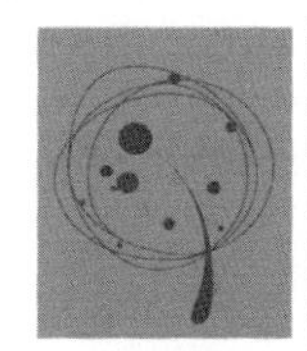

제2부
시편 주석의 예

다음의 주석들은 『성경연구』에 발표되었던 글들이다.

Ⅰ. 여호와의 선하심을 맛보아 알지어다
(시편 34편)

김태훈

A. 들어가는 말

　지난 수십 년간 시편에 대한 중요한 연구들이 진행되어 왔다. 그
연구들은 대체로 세 가지 방향, 히브리 시편의 운율 연구, 하나의
문학 작품으로 읽기(literary analysis), 신앙공동체를 위한 본문 해설
로 진행되었다.[146] 이 글의 목적은 마지막 방향, 신앙공동체를 위한
본문 해설에 있다. 시편 34편은 특별한 짜임새를 가지고 있다. 궁켈
이후로 학자들은 시편들을 몇 개의 유형으로 나누었는데, 학자들의
분류에 따른다면, 시편 34편은 개인감사시(혹은 찬양시, 1 - 8절)와
교훈시(9 - 22절)가 붙어 있는 형태를 취한다. 두 양식이 합해져 있는
형태이기 때문에 교훈시 부분은 후대에 첨가된 것으로 보는 학자
들이 많이 있다. 그러나 시편 34편은 처음부터 끝 절까지 한 번에

---

146) David L. Pertersen and Kent Harold Richards, *Interpreting Hebrew Poetry* (Minneapolis: Fortress Press, 1992).

지어진 시라는 가능성을 강하게 보여 준다. 히브리어 성서로 읽을 때 금방 알 수 있는 것처럼, 이 시편의 각 행들은 히브리 알파벳 순서를 따라 시작한다.[147) 내적으로는 같은 혹은 유사한 뜻을 가진 단어 혹은 사상을 반복적으로 사용함으로써 문학적 통일성을 유지하고 있다. 반복되는 단어는 '듣다'<샤마>(4, 6, 11, 17절), '건지시다'<하칠>(4, 17, 19), '경외'〈야레〉(7, 9, 11절), '선하다'<톱>(8, 10, 12[복], 14절)이 반복되어 나타난다. 부르짖음 – 응답 – 구원의 패턴도 5, 7, 18절에 나타난다.

B. 주석

[다윗이 아비멜렉 앞에서 미친 체하다가 쫓겨나서 지은 시]

이 부분은 사무엘상 21장 11 – 15절에 기록되어 있는 가드 왕 아기스와 다윗과의 일화를 언급하고 있다. 이 본문에 따르면, 다윗은 사울을 두려워하여 블레셋의 한 도시인 가드로 도망하여 왕 아기스에게로 갔으나 다윗은 그곳에서 의심을 받게 된다. 생명의 위협을 느낀 다윗은 일부러 미친 사람인 체하여 사람들의 눈을 속이고 다시 그곳을 떠나 아둘람 굴로 도망하여 머물게 된다.

다윗이 쓴 시인가? 만일 표제대로라면 우리는 이 시편의 저자는 다윗이고 글을 쓴 시기를 주전 1000년경으로 볼 수 있다. 다윗은

---

147) 특이한 것은 〈와우〉로 시작되는 절이 없다는 것과 그 대신 마지막에 〈페〉로 시작되는 절이 한 번 더 나와 히브리 알파벳 22자의 수를 맞추고 있다는 것이다.

많은 시를 지어 읊었다는 것과 예루살렘 성전에 노래 부르는 사람
들을 두었다는 전승이 내려온다. 사울과 요나단의 죽음을 슬퍼하는
노래가 사람들에 의해 불리었는데 전승은 다윗이 그 노래를 지었
다고 한다(삼하 1:17 – 27). 사무엘하 23장 1절에는 다윗이 '노래
잘하는 자'로 불린다. 그러나 이 시편을 정말 다윗이 지었는가에
대해서 의문을 가지는 학자도 많다.[148]

아비멜렉 앞이 아니라 아기스 앞이 아닌가? 사무엘상 21장에서
는 블레셋 왕의 이름이 아기스인데 본문의 표제는 아비멜렉이라고
보고하고 있다. 일부 학자들은 후에 이 시편에 표제를 붙인 사람
의 역사적 지식의 부정확성 때문에 생긴 오류하고 본다. 그러나
편집자 정도 되는 사람이 전승에 대한 지식이 그렇게도 부정확했
을 것인지, 그리고 그다음에 이 시편을 전승해 온 사람들에 의해
문제시되지 않았는지에 대해 의구심을 가질 수밖에 없다. 다른 가
능성 있는 해석은 에집트 왕을 바로라고 부르듯이 블레셋 왕을

---

148) 시편에 나오는 표제들과 그 표제들을 이어 나오는 시 자체와의 관련성에 대하여 학자들
간에 다양한 견해가 존재하는 것처럼, 이 시편의 표제에 대해서도 의견들이 갈라진다. 어
떤 학자들은 표제를 후대의 첨가로 보고, 어떤 학자들은 처음부터 시와 함께 있던 것이라
생각한다. 표제로부터 시의 내용을 기대해 볼 수 있을 터인데, 실지 시의 내용은 기대와
다르게 나타난다. 그러므로 후대의 첨가로 보기는 어렵다. 편집자가 첨가했다면 자신이 시
를 읽고 떠오르는 사건을 표제에 쓰지 않았겠는가? 표제가 제공하는 사건의 흔적조차 시
의 내용에서 볼 수 없다면 표제를 후대에 붙였다고 보기는 어렵다. 시의 내용으로부터 자
유로운 표제는 저자만이 쓸 수 있다고 보아야 할 것이다(Craigie, 375 – 76). 34편 중 교
훈시에 속하는 부분이 후대의 편집자에 의해 첨가되었다고 보더라도 표제는 원래의 감사
시에 붙어 있었을 가능성이 높다(Craigie, 376). 그러나 표제는 한 시편마다 각각 평가되
어야 한다. 예를 들어 시 63편의 표제는 '다윗의 시 유다 광야에 있을 때에'이다. 아마 2
절에 나오는 '물이 없어 마르고 곤핍한 땅'을 보고 후대의 편집자가 다윗이 유다 광야에
머물렀던 역사적 사실을 기억하며 제목을 붙였을 가능성이 있다(S. Mowinckel, *The
Psalms in Israel's Worship*, vol. II, 99, 101). 3절에는 '성소에서 주를 바라보았나이
다'라는 문장이 나오는데, 성소는 예루살렘 성전을 가리키고 있는 것으로 보인다. 그러나
우리가 '성소'를 꼭 예루살렘에 한정하지 않는다면 다윗의 저작을 반대할 만한 증거가 될
수는 없다.

‘아비멜렉’으로 불렀을 것이라는 것이다.[149]

[1] 내가 여호와를 항상 송축함이여 그를 송축함이 내 입에 계속 하리이다.

이 시편은 시인의 결심으로 시작한다. 히브리 동사 <아바라카>(내가……송축하리니)는 히브리 문법상 ‘코호타티브’(cohortative, 자신의 의지 표명)형을 취하고 있다. 여호와 찬양은 시편 34편의 주제요 핵심이다. 여호와를 경외하는 사람의 생애는 평안할 때 감사하고 어려울 때 그분 앞에 나가 외치는 삶이다. 인생의 밤에 여호와께 탄원하고 이제 은혜로 말미암은 낮에 살고 있는 시인은 전 생애를 통해서 쉬지 않고 변함없이 여호와 하나님을 찬양하고 감사하겠다는 다짐을 한다. 그는 <브콜 에트>‘항상’, 그리고 <타미드>‘계속’ 여호와를 찬양하겠다는 결심을 한다. 그의 변함없는 찬양에 대한 결심은 시인이 사용하고 있는 평행법이란 구조에서 보인다. 히브리어 순서로 보면 다음과 같은 구조를 가진다.

내가 감사하리라<아바라카> 여호와를<에트 야훼> 항상<브콜 에트>
계속적으로<타미드> 그분 찬양함을<트힐라토> 내 입에 두리라<브피>

이것을 더욱 단순화시키면 다음과 같이 된다.

나 여호와를 항상
항상 (＝계속적으로) 여호와(그분) 나

---

149) M. Dahood, *Psalms I : 1-50* (New York: Doubleday and Company, 1979), 205.

‘나’의 결심이 시작과 끝 부분에 나오고 있다. ‘항상’과 ‘계속적’이 첫 행의 마지막과 둘째 행의 첫 부분에 나오면서 강조된다. 그리고 ‘여호와’는 중앙에 위치한다. 22절은 찬양을 항상 계속하리라는 결심에서 정점에 이르고 자신의 결심이 첫 부분과 마지막 부분에 나오면서 시의 첫 절은 끝난다.

[2] 내 영혼이 여호와로 자랑하리니 곤고한 자가 이를 듣고 기뻐하리로다.

여호와에 대한 감사와 찬양은 시편에서 흔히 볼 수 있는 반 행간의 평행법을 넘어 2절 전반부에서도 계속된다:

1절 전반절 내가 여호와를……송축하리라
a b c
1절 후반절 그분 찬송함(트힐라)을 내 입에
b′ c′ a′
2절 전반절 여호와를 자랑하리라(티트할렐) 내 영혼이
b″ c″ a″

감사와 찬양의 내용은 ‘여호와를 자랑’하는 것이다. 사람들의 고질적인 병은 자기중심적이고 자신의 업적을 자랑하는 것이다. 그러나 시인은 자기 자신을 자랑하지 않고 자신의 전 인격(= 내 영혼)으로 여호와를 자랑한다. 혹 우리가 우리 자신을 자랑할 수 있다면 ‘여호와는 인애와 공평과 정직을 땅에 행하는 자인 줄 깨닫는’ 그것을 자랑할 수 있다(렘 9:24). 자기 자신을 자랑하지 않는 시인의 겸손한 태도가 엿보인다. 그가 자랑하는 여호와는 곤고한 자에게 기쁨을 주시는 분이다. 여호와의 능력과 그 이름은 곤고한 자에게 복음이 된다. 그리고 곤고한 자들은 여호와에 대한 소식을 '듣고'<이쉬므우> '기뻐하게'<이스마후> 된다. 여호와는 곤고한 모든 자에게 기쁨의 소식(복음)이다.

'곤고한 자'<아나윔>가 어떠한 형편에 있는 사람인가에 대하여 학자들은 여러 의견들을 제시해 왔다. 외국인에 대한 반대 개념으로서 이스라엘 백성, 위기에 빠져 있는 이스라엘 백성 혹은 이스라엘 자체, 궁핍한 삶을 살아가는 개인 등으로 해석한다. 어떤 학자들은 '포로기 이후' 생겨난 경건한 자들의 무리 혹은 여러 가지 형태의 고난 받는 자들로 본다. 그러나 <아나윔>은 주전 750년경의 사회 상황을 반영하는 아모스 2장 7절에도 나온다. 성경에서 사용되는 용례로는, 성품을 나타내는 경우(온유 혹은 겸손, 민 12:3; 잠 3:34; 16:19), 사회적, 경제적으로 억압 착취받는 하층민 (사 11:4; 암 2:7), 힘이 모자라 억울하게 압제받는 사람 (시 9:13; 10:12, 17), 여호와를 인하여 고통받는 자(사 69:33)가 있다. 이처럼 시편 34편에서 곤궁한 자로 번역된 <아나윔>은 어느 한 가지 뜻만을 가지고 있는 것이 아니다. 사회적 의미에서든, 경제적 의미에서든, 법적 의미에서든 혹은 겸손을 뜻하든, 오직 여호와를 바라고 여호와에 의해서만 세워질 수 있고 여호와에 의해서만 희망을 가질 수 있는 계층의 사람들을 뜻한다고 볼 수 있다.

[3] 나와 함께 여호와를 광대하시다 하며 함께 그 이름을 높이세

이 부분을 직역하면, '찬송하라 여호와를 나와 함께, 높이세 그 이름을 우리 모두'다. 그러므로 본 절은 동어적 평행법의 구조를

가지고 시인이 '나와 함께 찬송하세'라고 청중에게 외치면, 회중들은 그 말을 받아 '우리 모두 그 이름 높이세'라고 응답하는 교창의 형식을 보여 준다. 시인의 경험은 회중 앞에서 간증되고 온 회중은 함께 여호와를 찬양하며 기쁨을 나눈다. 나는 우리가 되고, 나의 작은 찬송은 우리의 대합창으로 되울려 나온다.

[4] 내가 여호와께 구하매 내게 응답하시고 내 모든 두려움에서 나를 건지셨도다.

이제 찬양의 이유가 진술된다. 응답과 구원의 경험이 그 이유다. '구하매'의 히브리 단어는 <따라쉬>인데 어떤 학자들은 여호와를 <따라쉬>한다는 표현이 성소의 방문을 뜻하는 전문 용어로 본다. 이러한 해석은 궁켈 이후의 동향, 즉 시편을 제의라고 하는 콘텍스트에서 해석하려는 노력의 예라고 볼 수 있다. 그러나 우리의 시편이 알파벳 시편이기 때문에 오히려 첫 번째 글자를 맞추려는 노력에서 그 단어를 택한 것이 아닌가 생각된다. 그러므로 예배 장소를 찾아간다는 뜻을 포함하여 여호와를 찾고 구하는 모든 행동들이 이 단어 안에 내포되어 있다고 보아야 할 것이다.

본 절의 구조는 위로 향한 인간의 기도와 아래로 향한 하나님의 반응으로 이루어진다. '내가'로 시작하고 '나를'로 끝난다. 그러나 '내가'와 함께 사용된 단어는 하나인데 여호와는 응답하시며 건지신다. 나의 구함에 대해 여호와의 응답을 반복하여 씀으로써 구원하시는 하나님을 강조한다.

우리의 구원은 여호와가 우리의 형편을 감찰하여 주시고 우리의 음성을 들어주시는 데 있다. 그분은 실로 '나의 작은 신음에도 응답하시'는 분이시다. 그러므로 기도는 가장 현실적인 무기다. 기도로 하나님을 구하는 것은 '모든 두려움' 어떠한 난관도 해결받을 수 있는 비결이다. 455장 찬송가의 작시자 역시 같은 것을 증언한다: '그 두려움이 변하여 내 기도 되었고 전날의 한숨 변하여 내 노래 되었네' 그리하여 찬송가의 시인은 '주님을 찬송하면서 할렐루야 할렐루야'라고 노래한다. 그때나 오늘이나, 자신에게나 이러한 간증을 듣는 사람에게나, 기도는 가장 현실적인 능력이다. 왜냐하면 '여호와'께서 응답하시고 역사하기 때문이다.

[5] 저희가 주를 앙망하고 광채를 입었으니 그 얼굴이 영영히 부끄럽지 아니
    하리로다.

4절에서는 '내'가 주어였고 어려움 가운데서 구원을 받은 사람은 '나'인데 여기에서는 '저희'가 나온다. '저희'가 누구인지 분명치 않다. 회중으로 보기도 어렵다. 회중을 언급하고 있다면 '저희' 대신에 '너희'라고 해야 옳을 것이다. 시인과 회중 모두를 지칭하

려면 '우리'라고 해야 한다. 그러나 '우리'라고 고치려면 많은 자음에 손을 대어야 한다. 이제 우리 앞에 선택이 놓인다. 앞의 문장들과 인칭을 맞추기 위해서 삼인칭을 이인칭으로 읽을 방도를 간구하든지, 아니면 우리가 왜 '저희'란 말이 나왔는지는 잘 모르긴 하지만 히브리어 본문인 마소라 본문을 유지할 것인지 하는 선택이다.[150] 하나의 가능성으로서 2절의 '곤고한 자', 즉 '내'가 여호와를 자랑할 때 그것을 듣고 기뻐하던 자들이 시인의 앞에 있는 회중과 다른 사람들이라면 '저희'라고 읽는데 아무런 무리가 없다. 그들은 시인과 같은 운명을 가지고 시인의 어려운 형편을 바라보며 함께 기도했던 사람일 수도 있다. 우리가 표제의 설명을 받아들여 이 시를 다윗과 연관시킨다면 사무엘상 22장에 나오는 <아나윔>(환난당한 모든 자와 빚진 자와 마음이 원통한 자)일 수 있다. 또는 신앙으로 말미암아 시인과 같은 것을 경험하고 시인의 찬양에 동의할 모든 사람들을 가리키는 것일 수 있다. 어떤 경우든지 뜻은 분명한 것 같다. 구하는 자가 응답받는 것처럼, 여호와를 바라보는 자는 그 얼굴이 무시당하지 않고 사람 앞에서도 수치를 당치 않는 영광스런 사람이 된다. 4절과 5절을 함께 생각해 보자. 다윗은 사울에게 추격을 받았으나 다윗은 여호와를 추격하였고('구하매'), 다윗은 사울을 두려워하였으나 하나님은 다윗을 그 두려하는 것에서 건지셨고, 다윗은 아기스를 바라보았으나 그에게서

---

150) 회중을 지칭하기 위해서는 <프네헴>(그들의 얼굴들)을 <프네켐>(너희의 얼굴들)으로, <힙비투>(저희가 앙망하였다)와 <나하루>(저희가 빛을 내었다)를 각각 <합비투>(앙망하라)와 <느하루>(빛나라)로 고쳐야 한다. 고대의 필사자들 역시 어려움을 겪었던 것으로 보인다. 고대의 헬라어역, 라틴어역, 시리아역, 아람어역들이 완료형 <힙비투> 대신 명령형으로 읽고 있다. 그러나 고대의 역본들이 문맥에 맞추기 위해 히브리어 저본을 고쳐 읽은 것인지, 아니면 마소라 본문이 훼손된 것인지 알 수 없다. 한글 개역판은 히브리 본문을 따르고 있다.

버림받고 오직 미친 체함으로 겨우 생명을 부지했다. 여호와를 바라보는 자는 영접되고 낮을 들고 다닐 수 있게 된다. 다윗은 아기스를 피난처로 삼았으나 참다운 피난처는 여호와이시다(8절).

우리는 지금까지 읽은 부분과 개인탄원시로 분류되는 시편 13편의 유사성을 볼 수 있다. 시편 13편의 끝 부분, '내가 여호와를 찬송하리니 이는 나를 후대하심이로다'는 이미 탄식이나 탄원이 아니라 감사와 찬양이다. 이것은 개인감사시 혹은 찬양시로 분류되는 시편 34편의 첫 부분, '내가 여호와를 송축함이여 그를 찬송함이 내 입에 계속하리이다'와 많이 다르지 않다. 그러므로 탄식의 끝은 감사로 이어진다고 볼 수 있다. 두 양식 간의 관계는 다음의 비교에서 보다 명백해진다:

13:1	여호와여 언제까지니이까	34:2	내 입에 계속하리이다
13:2	나의 영혼에 경영하고	34:2	내 영혼이 여호와를 자랑하리니
13:4	나의 원수가……이기었다 하오며	34:3	나와 함께 여호와는 광대하시다
13:2	내 원수가 나를 쳐서 자긍	34:2	나의 영혼이 여호와로 자랑
13:3	여호와여 응답하소서	34:4	내게 응답하시고
13:3	나의 눈을 밝히소서	34:5	광채를 입었으니

1) '언제까지'도 '계속'도 시간의 길이를 말한다. '언제까지'는 하나님으로부터 잊혀버린 바 되었다고 생각하며 비애와 고통 가운데 외치던 탄원의 소리였다. 그러나 탄원은 받아들여졌고 고통은 기쁨으로 변하여 시인은 여호와 찬양을 '계속'하겠다고 결심한다. 2) 시인의 '영혼'은 고통으로 가득 찼으나 이제 그 '영혼'은 찬양

으로 가득 찬다. 두 시편의 사이에는 하나님의 간섭이 있었기 때문이다. 3) 대적자들은 시인을(혹은 독자를) 이기었다고 선언한다. 그때 시인은 패배자였다. 그러나 이제 참 승리자가 나타난다. 그러나 시인이 대적자에 대한 승리자는 아니다. 승리자는 여호와시다. 대적자들은 시인을 패배시켰으나 대적자들과 싸우는 자는 시인이 아니라 여호와시다. 4) 그때 대적자들은 시인을 이겼다고 자랑했다. 그러나 이제 시인은 대신 싸워 주신 여호와를 자랑한다. 의인을 대적한 적들은 사실상 여호와를 대적한 것이고 의인이 고통 중에 부르짖으면 여호와께서 대신 싸워 주신다. 5) 그때는 응답하여 달라는 긴급한 소원의 기도를 올렸다. 그러나 이제는 그 기도가 응답되었다는 간증을 회중들 앞에서 한다. 6) 어두움 가운데 앞길을 알 수 없고 여호와마저 숨겨진 것처럼 보이는 때가 있었고, 눈을 밝혀 여호와의 살아 계심을 보게해 달라던 기도는 이제 강력한 빛을 받아 그 얼굴은 빛이 난다. 탄식의 때에 시인의 얼굴은 사람들 앞에서 숨겨진다. 그러나 찬양을 할 때는 하나님 앞에서 그리고 사람들 앞에서 자신 있게 드러난다. 두 시편의 경우 다 하나님과 깊은 관계를 맺는다. 탄식하는 자는 하나님을 신뢰하여 하나님을 향하여 탄원하는 자다. 그 신뢰는 사실로 드러나며 탄식은 찬양이 되고 탄식의 때는 간증이 되어 사람들 앞에 선포된다: '저희가 주를 앙망하고 광채를 입었으니 그 얼굴이 영영히 부끄럽지 아니하리로다'(34:5).

[6] 이 곤고한 자가 부르짖으매 여호와께서 들으시고 그 모든 환난에서 구원하셨도다.

6절은 앞에서 이미 언급한 4절과 내용면에서 그리고 구조면에서 다르지 않다. 하나님을 향한 하나의 동사와 여호와로 말미암든 두 개의 동사로 이루어진다.

> 내가 여호와께 구하매
> 내게 응답하시고 내 모든 두려움에서 나를 건지셨도다
>
> 이 곤고한 자가 부르짖으매
> 여호와께서 들으시고 그 모든 환난에서 (그를) 구원하셨도다

그러나 인칭에는 변화가 있다. 4절에서는 '내가'와 '나를'이었으나 여기에서는 그가 부르짖고 그를 구원한다. 그러므로 우리는 인칭 변화에 너무 민감할 필요가 없다. 시인이 자신을 삼인칭화하고, '우리'를 그들로 바꾸어 부르고 있다고 볼 수 있다. <제 아니>('이 곤고한 자')가 시인인 '나'가 확실할진대, <아나윔>(<아니>의 복수명사, 곤고한 자들)은 시인과 함께 행동하는 '우리'로 볼 수 있을 것이다.

[7] 여호와의 사자가 주를 경외하는 자를 둘러 진 치고 저희를[151] 건지시는도다.

'여호와의 사자(使者)'는 시편에서는 34편 7절과 35편 5, 6절에만 나온다. 성경의 다른 곳에서처럼, 여호와의 사자는 천사를 말하는 것인지 아니면 여호와 자신에 대한 표현인지 분명치 않다. 여호와의 사자는, 여호와 자신 (폰 라드), 경건한 사람을 둘러싸고 있는 수호신 같은 존재 (궁켈), 시인의 머릿속에서만 존재하는 천사

---

151) 4절의 단수(나) 다음에 5절에서 복수(저희)가 나오듯이 6절의 단수(이 곤고한 자) 뒤에 다시 7절에서 복수 '저희'가 나온다. 그러므로 5절에서도 나온 인칭 변화를 의아해 할 필요는 없을 것이다.

(쟌슨) 등으로 이해된다.

'둘러 진 치고'는 분명히 군사적 행동과 관계되는 용어다. 그러므로 8절은 군사적 위기로부터의 구원을 암시하는 것으로 보인다. 여호와의 군대장관이 여호수아가 여리고를 정복하려고 했을 때 칼을 빼고 서 있었고(수 5:13 - 15), 아람왕이 엘리사가 있는 도단성을 군사와 말과 병거로 에워쌌을 때, 여호와는 불말과 불병거로 엘리사를 둘러싸 보호하였다(왕하 6: 14 - 17). 이 시편은 시인의 전쟁과 관련된 역사적 경험에 바탕을 두고 있으나, 독자들에게 읽히게 되면서 비유적으로도 이해되었을 것이다.

'건시시는도다'는 히브리 단어 <하라츠>의 강의형(Piel)으로 '구출하다'는 뜻이다. 구약에서 모두 15번 나오는데, 모든 구절에서 구출하는 주체는 항상 여호와 하나님이다. '여호와의 사자'가 구출하다는 8절의 진술은 단 하나뿐이 예외다. 여호와 외에는 구원자가 없다는 것이 이스라엘의 신앙고백이다.

> [8] 너희는 여호와의 선하심을 맛보아 알지어다. 그에게 피하는 자는 복이 있도다.

맛보고 아는 것은 직접적인 경험을 말한다. 위에서 자신의 경험을 말하며 회중들을 찬양에로 인도한 시인은 이제 그들에게 직접 경험해 보라고 권고한다. 듣는 것은 경험하는 것하고는 다르다. 신앙이란 들음에서 나아가 경험하는 것이다. 그 경험은 여호와의 선하심을 맛보는 것이다. '맛보아 알지어다'는 두 히브리 단어 <타암>과 <라아>는 각각 '깨닫다(잠 31:18)', '즐기다(전 9:9)'[152]로

도 옮길 수 있다. '선하심을'은 <키 톱>의 번역인데 <톱>은 '달
콤함'을 뜻하기도 한다.[153] 또한 <키 톱>은 '참으로', '기쁨으로'
의 뜻을 가진 부사로 쓰이기도 한다. 그러므로 우리들은 다음과
같이 여러 방법으로 읽을 수 있다:

> 여호와를 참으로(혹은 기쁨으로) 맛보고 알지어다
> 여호와의 선하심을 깨닫고 즐길지어다
> 여호와의 달콤함을

> [9] 너희 성도들아 여호와를 경외하라 저를 경외하는 자에게는 부족함이 없도다.

9절부터 이 시편은 개인의 경험을 일반화하여 다른 사람들에게
여호와 경외를 가르친다. 이제 이 시인은 지혜의 교사가 되는 것
이다. 모든 지혜 문학의 근본적 원칙은 '여호와 경외'다. 그 말에
는 하나님이 계신 것을 믿는 것, 그분이 세계와 역사의 주관자이
심을 믿는 것, 그리고 그분과 인간과의 인격적 만남을 중요시하는
것, 인간의 자기 인식, 인간의 도덕적 영적 결단이 포함된다. '경외
<야레>'는 막연한 두려움이 아니라 찬양과 기도의 근거가 되는
존경의 태도다. 여호와를 경외하는 자는 자연히 그분께 순종하며
충성을 바칠 것이다. 그러므로 '여호와 경외'가 지식의 근본이 되
며(잠 1:7), 그러므로 그것은 인간 존재와 행위의 근본적 지식인 것
이다. 여호와는 세계의 창조자시며 세계의 주관자이시기 때문에,
그리고 여호와는 자신을 두려워하고 존숭하는 자들을 살피시고 도

---

152) *Gesenius' Hebrew and Chaldee Lexicon* (Michigan: Eerdmans, 1980), 750.

153) Dahood, *Psalms Ⅰ*, 206. 다후드는 〈라아〉를 〈라와〉로 읽어 '맛보아라, 깊이 마셔라.
여호와의 달콤함을'로 번역한다.

156

우시기 때문에 그분을 경외하는 자에게는 부족한 것이 있을 수 없다. 여호와는 그를 따르는 어떤 사람도 신뢰할 만한 대상이다. 또한 여호와를 경외하는 자는 비록 삶이 고달프고 어려울지라도 여호와 자신을 소유하므로 감히 부족함이 없다는 고백을 할 수 있다. 그러므로 '저를 경외하는 자에게는 부족함이 없도다'의 진술은 교훈인 동시에 고백이다. 시편 23편의 1절의 <로 에흐사르>(나는 부족하지 않다)나 이곳에서는 <엔 마흐소르>(부족함 없다)는 채워 주시는 여호와이심을 보여 준다.

> [10] 젊은 사자는 궁핍하여 주릴지라도 여호와를 찾는 자는 모든 좋은 것에
>   부족함이 없도다.

사자 메타포는 지혜문학 여러 곳에서 나온다.[154] 현대인들에게는 물론, 고대인들에게도 사자는 모든 짐승 중에서 가장 강하며 언제든지 원하기만 하면 사냥하여 배를 채울 수 있는 짐승으로 인식된다. 자기 힘으로 사냥을 하여 자기의 모든 욕망을 충족시키는 강한 사람을 의미하기도 한다. 그 이빨은 두려움의 대상이다(욥 4:10-11). 젊은 사자는 더욱 강력하다. 그러므로 결코 주리지 않는다. 반대로 여호와를 찾는 자는 자기를 의존하리만치 강한 자가 아니다. 그는 젊은 사자와 결코 비교될 수 없는 약자다. 그래도 결과는 반대이다. 사자가 굶는 한이 있어도 그에게는 부족함이 없다. 그는

---

154) '젊은 사자'〈크피림〉를 어떤 학자들은 '부유한 자' 혹은 '힘 있는 자'로 읽는다. 칠십인역, 페쉬타, 불가타도 이러한 독법을 보여 준다. 이 번역본들은 아마 능력이나 용사를 뜻하는 〈크베림〉 혹은 〈카비림〉을 생각하는 것 같아 보인다. 그러나 젊은 사자를 수사적 표현으로 읽으면 본문의 뜻은 더욱 명백해진다. 참고. Weiser, 298.

비록 약하나 그의 주는 강하기 때문이다. 강한 자는 주리게 되고 약한 자는 부족함이 없다는 것을 아는 것이 지혜다.

위에서 언급된 '여호와를 경외하는 자'는 10절의 '여호와를 찾는 자'다. 여호와는 보이지도 않는데도, 경제력, 권력과 같은 세속적 힘이 실지로 작동하는 유일한 힘처럼 보이는데도, 여호와를 추구하는 자는 믿음의 사람이며 여호와와 특별한 관계와 경험을 갖고 있는 사람이다. 4절에서 시인은 여호와를 찾았을 때('구하매') 그분이 응답하시고 구해 주셨다고 노래했다. 10절에서 여호와를 찾는 모든 자에게도 동일한 하나님임이 선포된다. 개인의 감사 혹은 찬양은 더 이상 감사와 찬양이 아니다. 그것은 간증이며 선포며 초대며 신앙공동체의 고백이 된다.

[11] 너희 소자들아 와서 내게 들으라 내가 여호와를 경외함을 너희에게 가르치리로다.

11절에 와서는 더욱 교훈적 양상을 보여 준다. '내가'는 선생이고 '여호와 경외함'은 교육의 내용이며, '소자'는 학생이고, 그들은 와서 듣고 배우게 된다. '소자'는 아들들을 뜻하는 바님의 번역이다. '아들'은 지혜 교사가 그의 학생들을 지칭할 때 쓰는 전문 용어다(예. 잠 4:1). 원형은 이스라엘의 아들딸들이 어릴 적부터 그 부모에게서 교육받는 상황에서 나온 것이다(예. 출 12:26; 신 6:6 - 9).

[12] 생명을 사모하고 장수하여 복 받기를 원하는 사람이 누구뇨

이 질문은 선생이 학생들에게 던지는 교육적 의도를 가진 물음

으로, 답을 주는 것이 아니라 답을 끌어내는 수사적 질문이다. '생명'으로 번역된 하이임은 하이의 복수명사로서 존재, 생물체, 생명을 뜻할 뿐 아니라 건강, 치유, 회복, 재생, 희망, 향수, 행복, 부요, 장수들을 뜻한다. 한마디로 말하여 행복한 삶 건강한 삶이다. 그러므로 위 구절을 사역하면 '행복을 바라며, 날들을 즐겨하고(사랑하고) 좋은 날 보기 원하는 자 누군가?'가 된다. 인간이 바라는 가장 원초적인 삶, 즉 즐거운 생활, 하루하루 기다려지는 삶, 희망으로 바라보는 내일을 갖게 되는 비결이 무엇인지 생각하게 하는 질문이다. 어떤 사람이 그러한 삶을 누릴 수 있는가? 우리도 그러한 삶을 누릴 수 있는가? 그 비결이 무엇인가? 답은 다음 구절에 있다.

[13 – 14] 네 혀를 악에서 금하며 네 입술을 궤사한 말에서 금할지어다 악을 버리고 선을 행하며 화평을 찾아 따를지어다.

행복의 비결인 동시에, 여호와를 경외하는 사람들이 살아야 하는 삶의 방식이 명령형으로 제시된다. 언행심사가 발라야 한다. 속이는 말, 악한 말, 파괴적이며 지혜 없는 말, 이런 갓이 혀와 입술의 악에 속한다. 말은 마음과 생각의 표현이 아닌가? 또 여호와 경외자가 해야 할 행동거지는 악은 피하고 선은 행하는 것이다. 이것 역시 마음과 생각에서 나오는 것이다. 싸움은 어디서 나는가? 악한 말과 행동에서 난다. 심판은 어디서 오는가? 부정한 입술과 행동에서 온다. 그러므로 사람과의 관계에서도 하나님과의 관계에서도 입술을 바로 쓰며 적합한 행동을 하여야 한다. 거기서 평화와 행복이 온다.

‘평화(샬롬)’은 자연적으로 주어지는 것이 아니라 절제하고 추구
함으로 얻어지는 것이다. 샬롬을 적극적으로 찾아내고 추구해야 한
다. 샬롬은 인간의 됨과 관계가 있는 것이다. 여호와가 그 마음에
있는 사람이 샬롬의 사람이다. 또한 샬롬은 건강, 번영, 안정, 완전
성, 군사적 평화, 경제적 풍부를 뜻하는 단어다. 그리고 어떤 종류
의 샬롬도 여호와께서 결정하시고 내려 주신다는 것이 구약성경의
증언이다. 샬롬의 상태는 하나님이 임재하는 상태, 그러므로 정직
하고 충성되고 진리 편에 서는 사람이 되는 상태다(참고. 말 2:6;
삼하 20:29; 에 9:30; 슥 8:19). 그러므로 샬롬을 찾고 구하는 삶은
여호와를 찾아 구하는 삶이요 그분에게서 삶의 지혜와 힘을 구하
여 얻는 삶이다.

<blockquote>

[15 – 16] 여호와의 눈은 의인을 향하시고 그 귀는 저희 부르짖음에 기울이시
도다.
여호와의 얼굴은 행악하는 자를 대하사 저희의 자취를 땅에서 끊으
려 하시는도다.

</blockquote>

여호와의 눈은 그분의 자녀가 어디에 있는지 어느 형편에 있든
지 보지 못하는 경우가 없고 그분의 귀는 아무리 작은 부르짖음도
듣는다. 그분의 눈도 귀도 그분을 경외하는 자를 향하여<엘> 있
다. 눈과 귀는 얼굴에 대한 다른 표현이다. 제사장의 축복에는 ‘여
호와는 그 얼굴로 네게 비취사 은혜 베푸시기를 원하며 여호와는
그 얼굴을 네게로 향하여 드사 평강주시기를’ 원하는 이 포함된다
(민 6:25 – 26). 그러나 악을 행하는 자는 무서운 얼굴, 하나님의 심
판의 얼굴을 보게 된다. 하나님이 악인들의 행위 하나 하나를 파멸시

키기 때문에 그들이 도모하는 어떤 행위도 실패로 돌아가고 그들이 이룩한 어떤 영향력도 자취도 이름도 남아 있을 수 없다(시 9:5). 이름이 남는 경우도 교육을 위한 나쁜 선례로 후대에 전해질 뿐이다.

[17] 의인이 외치매[155] 여호와께서 들으시고 저희의 모든 환난에서 건지셨도다.

이 구절과 앞의 4절, 6절은 주어와 선택된 단어들이 약간 차이가 날 뿐(히브리어로) 여호와의 응답과 구원을 선포한다. 앞에서는 개인의 경험이었으나 이제 이것은 교의가 되어 후손들에게 전해진다.

4절 내가 여호와께 구하매 <따라쉬>
    내게 응답하시고 <아나>
    내 모든 두려움에서 나를 건지셨도다 <나찰>
6절 이 곤고한 자가 부르짖으매 <카라>
    여호와께서 들으시고 <샤마>
    그 모든 환난에서 구원하셨도다 <야샤>
17절 의인이 외치매 <차아크>
    여호와께서 들으시고 <샤마>

---

155) 히브리어 본문에는 '의인'이란 말이 없다. 그러므로 '그들'이 부르짖었다고 번역할 수밖에 없다. 문제는 '그들'이 누구인가 하는 것이다. 문맥상으로 보아 '그들'은 의인이다. 그러나 17절은 악인들을 다루고 있기 때문에 앞뒤를 생각하면서 읽는 사람들에게는 '그들'이 악인들로 생각될 것이다. 그러므로 어떤 학자들은 의인이 나오는 16절과 17절의 순서가 바뀐 것으로 생각한다. 바뀐 이유가 무엇인가? 왜 더 복잡하게 만들었을까? 그것은 히브리 알파벳의 순서의 변화로 설명될 수 있다. 원래는 〈페-아인〉의 순서였는데 다음 단계에서 〈아인-페〉로 바뀌었기 때문에 후대에 살던 〈아인-페〉 순서만 아는 편집자가 순서를 고친다며 17-16절의 순서를 16-17절로 바꾸었을 가능성이 있다. 주전 9-8세기 것으로 보이는 Kuntillet ajrud에서 발견된 4줄의 알파벳과 주전 12세기의 Izbet Sartah의 알파벳 체계도 〈페-아인〉의 순서로 나와 있다. Ze'er Meshel, "Did Yahweh have a Consort," *BAR* 5/2 (March/April 1979), 31; Aaron Denski and Moshe Kochavi, "An Alphabet from the Days of the Judges," *BAR* 4/3 (September/October 1978), 30. 칠십인역은 '그들'을 의인으로 보고 〈호이 디카이오이〉를 삽입한다. 그러나 '그들'은 처음에는 악인이었으나 곤궁에 빠졌을 때 회개하고 여호와를 다시 부르짖은 사람들일 수도 있다(Cragie, 281). 성경에는 의인이었던 사람이 교만해지고 교만해 있던 사람이 곤궁에서 여호와를 찾는 경우는 얼마든지 나온다.

공통적으로 외침은 한 번 그러나 응답의 동사는 두 번씩 사용된다. 사사기에 범죄 – 심판 – 회개 – 구원의 패턴이 나오듯, 시편, 특히 감사시편과 탄원시편에는 부르짖음 – 들으심 – 구원의 패턴이 나온다.

> [18 – 20] 여호와는 마음이 상한 자에게 가까이하시고 중심에 통회하는 자를 구원하시는도다 의인은 고난이 많으나 여호와께서는 그 모든 고난에서 건지시는도다 그 모든 뼈를 보호하심이여 그중에 하나도 꺾이지 아니하도다.

이 구절에서는 깨뜨림(<샤바르>, <따카>)과 구원(<야샤>, <나찰>, <샤마르>)과 관련된 단어들이 계속하여 나온다. '마음이 상한 자 <니쉬브레 렙>'와 '중심에 통회하는 자<따크에 루아흐>'는[156] 두 가지로 생각될 수 있다. 환난과 고통 가운데 속이 상한 사람이거나 하나님 앞에서 통회하는 심정으로 자신의 마음과 영을 깨뜨리는 사람이다. 그러나 그들의 뼈는 '하나도 꺾이지' 않는다 <로 니쉬브라>. 아이러니컬하게도 심령이 상한 자는 상함을 당하지 않고 자신의 심령을 깨드리는 사람은 깨뜨려지지 않는다. 여호와께서 가까이 계셔<카렙> 구원하시고<야샤> 건지시고<나찰> 보호하시기<샤마르> 때문이다. 여호와께 가까이 나아가는 자는 여호와께서 가까이 오게 하는 사람이다. 소외되고 모든 소망에서 멀어진 사람에게 하나님은 가까이 계신다. 그리고 여호와는 그를 찾는 자들과 <임마누엘>(우리와 함께)로 <임마디엘>(나와 함께, 시

---

156) 직역하면 '영이 깨어진 사람들'이다.

23:4)로 함께 계신다.

이 구절은 우리에게 의인은 고난을 당하지 않는다고 말하지 않는다. 오히려 의인은 고난이 많다고 말한다. 의인은 위기와 시련 속에서 살아가는 인간에 불과하다. 그에게는 다른 사람과 똑 같이, 심지어는 다른 사람들보다 더 어려운 삶이 닥친다. 사망의 음침한 골짜기를 다닐 수도 있다(시 23편). 그러나 의인에게는 그 고난이 여호와와 가까이 하는 삶으로 인도하며 여호와의 보호를 경험하는 삶으로 인도한다. 위기와 시련 가운데서 여호와의 동행을 경험하는 삶 이것이 의인의 삶이다.

[21 – 22] 악이 악인을 죽일 것이라 의인을 미워하는 자는 죄를 받으리로다
여호와께서 그 종들의 영혼을 구속하시리니 저에게 피하는 자는 다
죄를 받지 아니하리로다.

시인은 다시 악인과 의인의 운명을 대조시킨다. 악인은 의인을 죽이려고 하나 부메랑 효과로 인하여 악인 자신이 죽게 된다. 악인은 유죄 판결을 받고 자신이 벌을 받아야 한다<예쉬무>. 판결의 내용은 죽음이다. 그러나 여호와께 피하는 자들은 여호와께서 그 종들을 '구속', 즉 위하여 대신 그 값을 지불하기<포데>157) 때문에 죄 값을 치루지 않는다<로 예쉬무>. 이것은 은혜다. 여기에 선택이 놓인다. 악을 선택하여 죽든지, 여호와를 의지하여 죄에서 벗어나든지. 심판은 누구나 당하는 운명이다. 그러나 그 결과의 선택은 사람들의 자유에 놓여 있다.

---

157) 〈포데〉는 〈포다〉의 남성 단수 능동 분사형으로 뜻은 '대속하다'이다(참고. 출 13:13; 레 27:27).

Ⅱ. 찬양하라 우리 기도를 들으시는 하나님을
(시편 66:8 - 20)

이종록

A. 본문을 읽는 방법

본문을 어떻게 읽을 것인가? 물론 지금까지 우리가 배워 온 여러 가지 방법들을 유형(有形) 또는 무형(無形)으로 모두 사용해야 할 것이다. 그러면서도 본문연구에 가장 적합한 독서방법을 찾아내야 함은 말할 필요도 없다. 과연 본문읽기에 가장 적합한 독서방법은 무엇일까? 본문은 독자들을 하나님찬양에 초청하는 형식으로 시작한다(8, 16절). 그리고 20절도 시인의 결심이지만, 일종의 찬양에의 권유이다. 그렇다면 본문은 독자의 참여를 적극적으로 유도하고 있는 것이다. 또 본문은 어떤 사실들이 정확하게 밝히지 않는다. 시인이 당한 상황을 비유적으로 표현하고 있어서, 시인에게 어떤 일이 있었는지를 본문에서 하나씩 밝혀내기가 쉽지 않다. 그런 점에서 본문은 독자들이 개입할 여지(gap)를 많이 남겨 둔다. 그래서 독자들은 본문을 읽어 나가면서, 본문에 개입해서 본문의 간격을 메워야 한다. 이런 점에서, 본문을 독자반응비평의 측면에서 읽는 것이 좋겠다. 즉 독자들-여기서는 성경을 읽는 자와 설교를 듣는 자들-이 본문에 참여해서, 시인의 고통과 구원을 자신의 고통과 구원으로 체험하고, 시인과 같은 신앙고백을 할 수 있게 함으로써, 본문이 그들의 텍스트가 되도록 이끌어 주어야 한다.

구체적으로는, 먼저 본문을 표면관찰하고, 본문의 문학적인 구조를 살핀 다음, 한 구절씩 자세하게 살피는 순서로 본문을 읽어 나가려고 한다.

B. 본문제시

8 만민들아 우리 하나님을 송축하며
　그 송축소리[158]로 들리게 할지어다
9 그는 우리 영혼을 살려 두시고
　우리의 실족함을 허락지 아니하시는 주시로다[159]
10 하나님이여 주께서[160] 우리를 시험하시되
　우리를 단련하시기를 은을 단련함같이 하셨으며
11 우리를 끌어 그물에 들게 하시며[161]
　어려운 짐을 우리 허리에 두셨으며
12 사람들로 우리 머리 위로 타고 가게 하셨나이다[162]
　우리가 불과 물을 통행하였더니[163]

---

158) '그를 찬양하는 소리'라고 하면 좋을 것이다.

159) 히브리어 본문에는 '주시로다'는 말이 보이지 않는다. '그는 우리의 발이 미끄러지지 않게 하셨다'라고 되어 있다.

160) 히브리어 본문에는 2인칭남성단수로 되어 있다.

161) '우리를 끌어 그물에 들게 하시며'는 겹치기 번역인데, 본문은 '우리를 덫에 걸리게 하셨다'로 되어 있다.

162) '사람들로 우리 머리 위로 타고 가게 하셨나이다'는 '사람들로 우리 머리 위에 타게 하셨나이다'로 되어 있다.

주께서 우리를 끌어내사 풍부한 곳에 들이셨나이다[164]

13 내가 번제를 가지고 주[165]의 집에 들어가서

나의 서원을 갚으리니[166]

14 이는 내 입술이 발한 것이요

내 환난 때에 내 입이 말한 것이니이다

15 내가 수양의 향기와 함께 살진 것으로

주[167]께 번제를 드리며

수소와 염소를 드리리이다(셀라)

16 하나님을 두려워하는 너희들아

다 와서 들으라

하나님이 내 영혼을 위하여 행하신 일을 내가 선포하리로다

17 내가 내 입으로 그에게 부르짖으며

내 혀로 높이 찬송하였도다

18 내가 내 마음에 죄악을 품으면[168]

주께서 듣지 아니하시리라

19 그러나 하나님이 실로 들으셨으며

내 기도 소리에 주의하셨도다

20 하나님을 찬송하리로다[169]

저가 내 기도를 물리치지 아니하시고

그 인자하심을 내게서 거두지도 아니하셨도다. [170]

---

163) '통행하였다'는 표현은 적절치 못하다. '불과 물속으로 들어갔다'라고 되어 있다.

164) '주께서 우리를 끌어내사 풍부한 곳에 들이셨나이다'는 '주'는 2인칭남성단수로 되어 있고, '우리를 풍부한 곳으로 이끄셨다'로 되어 있다.

165) 이것도 본문에는 2인칭남성단수로 되어 있다.

166) 본문에는 '내가 당신께 내 서원을 갚겠습니다'로 되어 있다.

167) 본문에는 2인칭남성단수소유격으로 되어 있다.

168) 히브리어 본문에는 '만약 내가 내 마음속에 악행(이 있는 것)을 보았다면'으로 되어 있다.

169) '하나님이 복받으실지어다'로 되어 있다.

170) 본문에서 '……물리치지 아니하고'와 '거두지도 아니하셨도다'에 해당하는 동사는 하나인데, 겹치기 번역이 되고 있다. '그분이 내 기도와 그의 인자하심을 내게서 거두지 않으셨다'로 번역하면 되겠다. 그리고 20절을 전체적으로 보면, '내 기도와 그의 인자하심을 내게서 거두지 않으신 하나님이 복이 있을지어다'이다.

C. 본문에 대한 표면적인 관찰

먼저 본문의 전체적인 사항들을 살펴보기로 하자. 우리가 본문을 관찰할 때, 유의해야 할 사항은 인칭변화, 동사시제변화, 내용전개변화들이다.

1. 인칭변화

8절에서 12절까지는 인칭이 일인칭복수이다. 그런데 13절부터 20절까지는 일인칭단수이다. 그리고 하나님을 8절에서 9절은 3인칭으로, 10절에서 15절까지는 2인칭으로, 16절부터 20절까지는 다시 3인칭으로 지칭한다. 이렇게 보면, 본문은 인칭의 변화가 심하다는 것을 알 수 있다. 이러한 변화는 본문을 상당히 역동적으로 보이게 만드는 효과를 갖는다. 그리고 8절과 9절은 시인이 사람들에게 하는 말이고, 10절에서 15절은 시인이 하나님께 하는 말이다. 그리고 16절에서 20절은 또 시인이 사람들에게 하는 말이다. 이렇듯 시인이 말을 하는 대상이 달라진다. 그래서 본문은 시인이 말을 하는 대상에 따라서 8 – 9절, 10 – 15절, 16 – 20절로 구분할 수 있다.

그런데 "이러한 인칭의 변화를 어떻게 설명할 것인가?" 하는 것이 문제이다. 학자들은 인칭변화에 의해서, 본문을 8 – 12절과 13 – 20절로 구분하기도 한다. 그러나 현재의 본문을 완전한 하나의 본문으로 본다면, 시인은 8절에서 12절까지 '우리'라는 일인칭 복수를 사용하면서, 자신이 속한 공동체가 함께 당한 일을 말함으로써,

독자들을 이 시 속으로 끌어들이고, 그런 다음, 제사를 언급하는 13절부터는 '나'라는 일인칭 단수를 사용하면서, 하나님이 자신에게 베풀어 주신 사역과 자신의 신앙적인 의지를 보다 분명하고 단호하게 말함으로써, 독자 한 사람 한 사람의 신앙적인 체험과 결단을 촉구한다고 볼 수 있을 것이다.

그리고 이 시는 신명을 엘로힘으로 사용하는 엘로힘 시편답게, 엘로힘이라는 신명을 8절, 10절, 16절, 19절, 20절에서 각각 한 번씩 모두 다섯 번 사용하는데, 18절 마지막에서는 '아도나이'(אֲדֹנָי)를 사용한다. 이러한 신명의 변화를 통해서도 본문은 역동적인 뉘앙스를 독자들에게 준다.

2. 시제변화

8절은 현재의 찬양에의 권유이고, 9절에서 12절은 과거시제이다. 그리고 13절은 미래시제이고, (14절은 13절을 수식하는 과거시제이다) 15절은 13절에 이어지는 미래시제이다. 그리고 16절은 현재적인 찬양의 결심이고, 17절은 과거시제, 그리고 18절은 원론적인 이야기, 19절은 과거, 20절은 현재와 과거를 병행한다. 이렇게 보면, 본문의 시제가 수시로 바뀌고, 현재와 과거, 미래가 병행되어 있는 것이다. 이것 역시 본문을 역동적으로 만들고, 시인이 이 시에서 말하고자 하는 것이 언제나 동일하다는 것을 보여 준다. 그리고 하나님의 역사하심은 모두 과거형으로 되어 있거나 또는 현재형으로 되어 있는데, 이것 역시 하나님의 역사하심의 확실성과 그것의 영속적인 불변성을 말하는 것으로 보인다.

3. 내용변화

본문의 내용이 어떻게 전개되고 있는지를 살펴보면, 10절에서 15절은 시인이 하나님께 직접 하는 말인데, 이 부분은 12절과 13절에서 내용전환을 한다. 10절에서 12a까지는 '우리'가 당한 고난을 묘사하는데, 12b는 반대의 상황을 언급한다. 그래서 고난에서 구원으로 갑작스럽게 분위기가 바뀌는 것을 알 수 있다. 과거에 당한 고난에 대해서는 길게 이야기하다가 구원받은 사실에 대해서는 아주 짧게 언급하고 있어서, 본문을 읽는 독자들은 조금 의외의 느낌을 갖는다. 그런 다음 13절에서 15절에서 제사드리겠다는 말을 한다. 또 16절부터는 사람들에게 하나님의 사역을 선포하겠다고 말하는데, 그 이유로 17절에서 20절에 시인이 드린 기도를 하나님이 들으셨음을 말한다.

D. 본문의 문학적 구성

본문은 물론 66편을 전체적으로 보아야 하겠지만, 8절에서 20절까지를 온전한 본문으로 보아야 하기 때문에, 66편을 전체적으로 볼 때와는 조금 다르게 본문구성을 볼 수밖에 없다. 우선 8절과 16절은 사람들을 초청하는 양식이다. 그래서 일단 8절에서 15절, 16절에서 20절의 두 부분으로 나눌 수 있겠다.

1. 본문에 사용된 문학기법들

① 셈족어 시에서 많이 볼 수 있는 '동의적 평행법'이 여기서도 많이 나타난다. 동의적 평행법을 통해서, 시인은 자신이 말하고자 하는 바를 강조한다.

② 독자들의 참여권유가 나타난다. '만민들아 우리 하나님을 송축하며 그 송축소리로 들리게 할지어다'(8절); '다 와서 들으라'(16절). 그래서 본문은 독자들로 하여금 본문에 적극 개입하도록 유도하고, 그럼으로써 본문을 독자들의 텍스트로 만들 것을 요구한다.

③ 본문은 은유적인 표현들을 사용했다. 그물, 어려운 짐, 허리(11절), 머리 위로 타고 가게 하다, 불, 물, 풍부한 곳(12절). 그리고 10절에서 직유법을 사용한다. 우리는 시인이 당한 고난이 과연 구체적으로 어떤 것들인지 알 수가 없다. 그것은 우리의 상상력을 필요로 한다. 우리의 구체적인 상황들을 거기에 대입할 수 있는 여지를 두는 것이다. 이러한 문학기법을 통해서, 본문을 독자들의 텍스트로 만들어 가게 하는 것이다.

④ 그리고 짝어휘들(pair words)이 여러 번 나타난다. 시험과 단련, 그물과 어려운 짐, 불과 물, 입술과 입, 입과 혀. 이 짝어휘들도 시인이 말하고자 하는 바를 반복해서 강조하는 역할을 한다.

⑤ 소리와 관련된 어휘들이 나타난다. 송축, 송축소리(8절), 서원(13절), 입술이 발한 것, 입이 말한 것(14절), 들으라, 선포(16절), 부르짖음, 혀로 높이 찬송(17절), 듣지 아니하시리라(18절), 들으셨으며, 기도소리(19절), 찬송, 기도(20절). 특히 콜(소리)이 8절과 19절에 나온다. 그래서 청각적인 측면에 많이 호소하고 있음을 알

수 있다. 그럼으로써 본문을 읽는 독자들이 청각을 사용해서, 시인이 처한 상황에 참여해서 그 소리들을 들을 것을 촉구한다.

⑥ 제사용어도 많이 나온다. 특히 13절에서 15절에 나온다. 번제, 수양의 향기, 살진 것, 수소, 염소. 이것들은 시각적인 측면을 부각시킨다. 그럼으로써 독자들로 하여금 시인의 상황에 참여해서, 마치 제사현장에 있는 느낌을 갖게 한다.

⑦ 시인은 서원이행을 강조하는 논법을 사용하는데, 13절에서 15절을 보면, 제사를 드리겠다는 말이 13절과 15절에 나오고, 그것이 하나님께 한 서원을 지키는 것임을 가운데 절인 14절에서 말함으로써(그래서 13절에서 15절은 a-b-a′의 구조를 갖는다), 본문은 서원이행을 강조하고 있고, 시인이 얼마나 서원을 충실하게 이행하는지를 보여 준다. 그러면서 우리에게도 서원을 반드시 이행할 것을 촉구하는 것이다.

⑧ 시인은 자신이 무죄한 자임을 강조하는 논리적인 기법을 17절에서 20절까지에서 사용했다. 17절은 시인이 기도한 사실이 언급되고 있고, 19절에는 하나님이 그 기도를 들으셨음을 말한다. 그래서 17절과 19절만 보면, 하나님이 시인의 기도를 들으신 것으로만 보인다. 그런데 18절에 하나님이 기도를 듣지 않으시는 경우를 제시함으로써, 시인의 기도를 하나님이 들으신 것이 바로 시인이 무죄하기 때문임을 말하고자 한다. 이것은 하나님이 기도를 들으시는 하나님이심을 말하는 20절에 의해서 한 번 더 강조된다. 그래서 우리는 본문을 읽으면서 무죄한 자의 기도를 반드시 들으시고 거기에 응답하시는 하나님을 만난다.

2. 본문의 구조

본문은 크게 8 – 15절과 16 – 20절로 나눌 수 있는데, 이 두 부분이 어느 정도 서로 대칭관계를 이루는 것을 알 수 있다. 8절에 '송축'<바라크>이라는 말이 나오고, 20절도 동일한 단어를 사용한다. 그리고 '입술'과 '입'이 14절에 나오고, '입'과 '혀'가 17절에 나온다. 그리고 '영혼'<네페쉬>이라는 말을 9절과 16절이 쓴다. 10 – 12절은 하나님의 과거사역을 언급하고, 16절, 19, 20b도 하나님의 과거사역을 언급한다. 이런 점에서, 본문은 전체적으로 통일성을 갖고 있음을 알 수 있다.

첫 번째 부분
I　8　송축에의 권유
　　9　송축의 이유
II　10　시인의 기도(하나님의 과거사역 – 단련)
　　11　시인의 기도(하나님의 과거사역 – 단련)
　　12　시인의 기도(하나님의 과거사역 – 단련/복주심)
III　13　시인의 기도(하나님의 사역에 대한 시인의 응답 – 제사드릴 것임)
　　14　시인의 기도(하나님의 사역에 대한 시인의 응답 – 과거에 한 서원)
　　15　시인의 기도(하나님의 사역에 대한 시인의 응답 – 제사드릴 것임)

두 번째 부분
I　16a　선포의 결심
　　16b　선포의 내용(하나님의 과거사역 – 시인의 영혼을 위해서 하신 일)
II　17　기도(시인이 부르짖고 찬송했음)
　　18　기도(하나님이 기도를 듣지 않으시는 경우)
　　19　기도(그런데 하나님이 시인의 기도를 들어주셨음)
III　20a　하나님 찬양의 결심
　　20b　찬양의 이유(기도를 들어주셨음)

본문의 구조를 보면, 처음과 중간, 그리고 마지막에 하나님찬양의 요소가 나타나는 것을 볼 수 있다. 그리고 그 사이에는 하나님을 찬양하는 이유를 설명한다. 본문은 이런 구조를 갖는데, 본문의 절수를 계산해 보면, 또 다른 모습을 볼 수 있다. 8절에서 12절까지가 모두 다섯 절이고, 16절에서 20절까지가 모두 다섯 절이다. 그리고 가운데 세 절(13, 14, 15절)이 제사에 대한 것인데, 이렇게 절수를 계산해 보면, 제사에 대한 언급이 중앙부분에 위치하고 있어서, 본문이 제사드림을 강조하고 있음을 알 수 있다.

E. 본문에 대한 심층적 이해

여기서는 각 절을 좀 더 자세하게 살펴보도록 하자.

8절. 본문은 '송축하라'는 말로 시작한다. '송축하라'는 말은 히브리어로 <바러쿠>이다. <바러쿠>는 <바락>에서 온 말인데, 이 동사는 '복주다', '복 빌다'는 의미를 갖는다. 우리는 <바러쿠>라는 말에서 시인의 강력한 의지를 읽을 수 있다. 이 시편의 시인은 결코 하나님의 역사를 자기만 알고 개인적으로 감사하는 선에서 그치지 않겠다는 것이다. 하나님의 사역을 모든 사람들에게 알리고 공개적으로 하나님을 찬양하는 데 힘쓰겠다는 것이다. 그리고 거기에 '만민'을 끌어들이는 것이다. '만민'<암밈>이 하나님을 찬양해야 한다는 것이다. 16절에서도 시인은 '하나님을 경외하는 모든 사람들'<콜 이르에 엘로힘>을 불러 모으고, 그들에게 하나님이 행하신 일을 선포하겠다고 말하면서(자신의 강력한 의지를 표명하는 <아삽퍼라>라는 일인칭 '코호터티브'를 사용한다), 그 사

람들이 자신의 말을 듣도록 강력히 촉구한다. 본문에는 이처럼 시
인의 강력한 의지가 나타난다(시인의 의지는 자기가 환난 가운데
있을 때 했던 서원을 갚겠다고 말하는 13절에도 나타난다). 이렇듯
이 시편의 시인은 자신에게 베풀어 주신 하나님의 은혜를 감사할
뿐만 아니라, 모든 사람들, 특히 하나님을 경외하는 사람들이 자신
과 함께 하나님을 송축할 것을 촉구하는 것이다. 우리는 이런 사
실들을 통해서, 시인이 매우 적극적인 성격을 갖고 있음을 알 수
있다.

9절. '우리의 실족함을 허락지 않으신다.'로 번역한 <로 나탄 람
모트>와 유사한 형태가 시편 55편 23절, 121편 3절에도 나타난다.
하나님이 시인을 흔들거리지 않고, 굳건히 설 수 있도록 해 주셨
다는 것이다. 우리는 시인이 어떤 상황에 있었는지는 모른다. 시인
은 자신이 당하는 환난을 은유적으로 표현함으로써, 그 환난들이
구체적으로 무엇인지는 밝히지 않을 뿐만 아니라, 그렇게 하는 데
에는 별로 관심이 없다. 그리고 시인은 자신의 상황을 이렇게 은
유적으로 암시를 함으로써, 본문을 읽는 사람들이 각기 자기의 상
황을 대입할 수 있는 여지를 만들어 놓는다. 그렇게 함으로써 본
문을 모든 사람의 텍스트로 만드는 것이다.

10절. '시험하다'로 번역한 <바한>(구약성경에 28번 나온다.)과
'단련하다'로 번역한 <차랖>(구약성경에서 22번 사용했다.)을 짝
으로 사용한 곳은 이 구절과 잠언 17장 3절, 예레미야서 9장 6절
이다. '바한'은 예레미야서 6장 27 – 30절, 17장 9, 10절, 20장 12

절, 욥기 7장 18절, 23장 10절에도 나온다. 40년이 넘은 오랜 세월 동안 자기 조국의 멸망을 경고해 온 예레미야는 얼마나 고통스러운 삶을 살았던가! 그리고 '단련'(또는 '연단'), '시험'이라는 말은 우리로 하여금, 이루 말할 수 없는 역경 속에서 다음과 같은 말을 하는 욥의 모습을 떠올리게 한다. '나의 가는 길을 오직 그가 아시나니 그가 나를 단련하신 후에는 내가 정금같이 나오리라'(23장 10절). 얼마나 올곧은 믿음의 표현인가! '단련'이라는 말은 다른 사람들은 몰라도 신앙인들에게는 여러 가지를 생각게 하는 단어이다. 이 말은 인간이 당하는 어려움들을 상징하는 단어이다. 인간이 처한 어려운 상황을 쇠풀무에 비유하는 것이다. 그런데 그 모든 어려움을 단순한 고통이 아닌, 「신앙의 사건」으로 만드는 단어가 바로 <바한>과 <차랖>입니다. 시인이 당한 일들이 그저 당하는 고통이 아니고, 하나님의 시험임을 고백하는 신앙을 표현해 주는 말인 것이다. 세속적인 사건을 하나님의 사건으로 해석해 내는 시인의 모습을 여기서 본다. 이러한 신앙적인 사건해석으로 인해서, 이 세상에서 우리가 당하는 일들과 우리가 하는 일들이 하나님의 사건이 되고, 그래서 하나님은 우리의 이러한 고백을 통해서 역사를 주관하시는 하나님으로 나타나는 것이다. 이렇듯 제련소나 철공소에서 사용될 이 말이 우리에게는 신앙고백의 단어가 된 것이다. 은을 단련하는 것처럼 우리를 단련하시는 하나님. 여기에는 하나님에 대한 시인의 지극한 신뢰가 표현되어 있다. 도무지 끝날 것 같지도 않고, 벗어날 수 있을 것 같지도 않은 암담한 시절, 뜨거운 쇠풀무 속에 갇혀 있는 듯 보이는 그런 시절을 지나면서도, 그것을 하나님이 자신을 연단시키는 사건으로 해석해 내는 위대한 신앙. 이 변함없는 신앙의 표현. 시인은 얼마나 훌륭한 신앙인인가!

　11절. 개역에 '그물'로 번역되어 있는 <머추다>(이중적인 의미
를 갖는 단어이다.) '바위'라는 원래의 의미에서 '요새'와 '산성'이
라는 비유적인 의미를 갖는 '셀라와 함께 사용하기도 하는데, '피
난처'의 의미를 갖는다. 그런데 <머추다>는 또 본문에서처럼 '덫'
의 의미로도 사용하기도 한다. '피난처'와는 정반대의 의미를 갖는
것이다. 본문 이외에도, 에스겔서 13장 21절, 12장 13절, 17장 20
절들에서 <머추다>는 '덫'의 의미를 갖는다. 강력한 '덫'에 걸려
서 신음하는 짐승의 모습, 아니 이 시편의 시인, 그리고 우리 자신
의 모습이 연상되지 않는가?
　'어려운 짐'으로 번역되어 있는 <무아카>는 '비참함', '역경'의
의미를 갖는 단어인데, 히브리어 성경에서는 여기에서 한번 사용된
'하팍스 레고메논'(hapax legomenon)이다. 구약성경에서 드물게 나
타나는 히브리어 단어들을 '하팍스 레고메나'라고 한다.

　12절. '사람들로 우리 머리 위에 타게 하셨다'는 것은 '깔아뭉개
임을 당했다'는 것이 아니고 무엇이겠는가? 우리는 이 구절에서
시인을 비롯한 사람들이 다른 사람들에 의해서 극심한 어려움을
당했음을 알 수 있다.
　'불과 물을 통행하였다'는 것은 10절에서 사용된 제련의 이미지
를 갖는다. 철을 강하게 하기 위해서 불에다 집어넣고 물에다 집
어넣는 것을 연상케 하는 것이다. 여기서도 단련의 이미지가 나타
난다. 우리는 시인이 당한 고난이 얼마나 극심하였는가를 이 구절

에서 알 수 있다. 하지만 시인을 비롯한 그 사람들은 그 어려움들을 모두 이겨 냈다. 언젠가 있을 하나님의 구원을 바라면서, 끝까지 참고 견뎌 낸 것이다. 그래서 그들은 진정한 승리자가 되었다.

아무리 고난이 극심하다고 해도 그것은 영구한 것이 아니다. 고난 다음에는 반드시 풍성한 하나님의 구원의 은혜가 있다. '풍부한 곳'으로 번역된 <러바야>는 본문과 시편 23편 5절에서 사용한다. 구약성경에서 두 번 사용했으니, '하팍스 레고메나', 즉 아주 희귀한 단어이다. '풍부한 곳'의 의미가 과연 무엇인지 알아보기 위해서, 시편 23편 5절을 보도록 하자. 시편 23편 5절은 우리가 아는 대로, '주께서 내 원수의 목전에서 내게 상을 베푸시고 기름으로 내 머리에 바르셨으니 내 잔이 넘치나이다'이다. '내 잔이 넘치나이다'에 <러바야>를 사용한다. '풍부함'은 곧 '잔이 넘치는 모습'으로 시각화할 수 있다. 그리고 이 본문의 문맥을 보면, 시인의 하나님에 대한 강한 신뢰와 그의 승리에 대한 확신이 나타나고 있어서, 궁극적인 승리를 암시한다. 이렇게 시편 23편과 연결시켜서 보면, '풍부한 곳'이라는 의미가 더욱 풍부해지는 것을 알 수 있다. 그런데 고난을 은유적으로 표현하는 말들은 많은데, 구원에 대한 것은 <러바야>밖에 없어서, 본문을 읽다 보면 상황이 돌연히 고난에서 구원으로 전환되는 느낌을 받는다. 이것은 고난이 아무리 많다고 해도, 결국 구원으로 바뀌고, 그것은 우리가 전혀 예기치 못하는 순간에 갑작스럽게 온다는 사실을 말하는 것으로 보인다.

13절. 여기서부터 15절까지에는 제사와 관련된 용어들이 나타난다. 주의 집(성전), <올로트>(번제;13, 15), 서원, 살진 것, 수양의 향기, 수소, 염소. 이것들이 상징적인 표현이라고 생각할 수 있지만, 우리는 여기서 자신이 갖고 있는 모든 것을 다 바쳐서 하나님께 감사를 표현하려는 시인의 갸륵한 마음을 읽을 수 있다. 그리고 시인이 드리는 제사는 자신이 과거에 했던 서원을 이행하기 위해서 드리는 제사이기 때문에 이 사람이 드리는 제사가 화목제임을 알 수 있다. 레위기에 의하면, 화목제는 서원을 했을 때, 그리고 감사한 일이 있을 때, 또 자원하는 마음으로 드린다(레위기 7장 11-21절). 모든 환난을 이기고 승리한 사람이 드리는 화목제. 이보다 더 감동적인 제사가 있을까? 우리는 또 여기서 이 시인이 자신의 약속을 기억하고 지키는 사람임을 안다. 하나님과 맺은 약속을 기억하고 그것을 지키는 사람. 시인은 우리로 하여금 우리 자신을 살펴보게 한다. 우리는 어떠한가? 얼마나 많은 사람들이 하나님과 한 약속을 너무나 쉽게 잊고 살아가고 있는가?

14절. '(입술이) 발하다'로 번역된 <파차>는 주로 <피>(입)와 함께 사용하는데, 여기서는 <서파트>(입술)와 함께 나타난다. <파차>가 서원의 의미를 가진 구절에서 사용된 것은 사사기 11장 35, 36절로, 여기에는 입다의 서원과 관련된 사건이 기록되어 있다. 입다는 "내가 여호와를 향하여 입을 열었으니 능히 돌이키지 못하리로다."라고 말하고, 그의 딸은 "아버지께서 여호와를 향하여 입을 여셨으니 아버지 입에서 낸 말씀대로 내게 행하소서. 이는 여호와께서 아버지를 위하여 아버지의 대적 암몬 자손에게 원수를 갚으셨음이니이다."라고 말한다. 하나님께 한 서원은 반드시 지켜야 하고, 또 하나님은 약속하신 것을 분명히 지키시는 분이심을 보여

주는 구절이다. 이 시편의 시인도 하나님은 약속을 지키시는 분이
심을 분명하게 말한다.

18절. 이 구절은 '죄악'으로 번역한 <아온>이 문장 맨 앞에 나
와서, 문장이 그렇게 매끈한 것은 아닌데, 이것은 <아온>을 강조
하기 위한 것으로 볼 수도 있겠다. <아온>은 구약성경에서 모두
80회 사용되었는데, '해악' '불의'(injustice)의 의미를 갖는다. 그러
니까 인간의 구체적인 행위를 가리키는 단어이다. 그리고 이 단어
는 개인적인 측면뿐만 아니라 사회적인 측면도 갖는다. 이러한 <아
온>을 맨 앞에 내놓음으로써, 시인은 자신이 그러한 죄를 조금치
도 범하지 않았음을 강조하는 것이다.

앞에서 말한 것처럼, 17절에서 20절까지는 시인이 자신의 무죄
함을 증명하는 논법을 펼치는데, 특히 19절에서는 '그러나……실
로'로 번역된 <아켄>을 사용하면서, 자신이 결코 범죄하지 않았
음을 강조한다. 여기서 우리는 이 시편을 기록한 시인이 욥처럼
다른 사람들로부터 많은 오해를 받았음을 알 수 있다. 그러나 그
런 사실을 겉으로 드러내지는 않는다. 그것보다는 오히려 하나님께
서 자기를 위해서 어떤 일을 하셨는지를 자세하게 알리겠다고 말
한다. 우리는 이 시인이 매우 긍정적인 성격을 가진 사람임을 알
수 있다. 자신의 고통보다는 하나님찬양에 힘을 쓰는 것을 알 수
있다. 그래서 본문은 시인보다는 하나님의 모습을 더욱 부각한다.
만약 시인이 자신이 당한 고통을 조목조목 나열하고, 자신이 한
일을 상세하게 말했다면, 하나님의 모습은 그만큼 약화되었을 것이

다. 자신보다 하나님을 드러내는 시인. 그래서 우리는 여기서 시인
의 기도에 귀를 기울이시는 하나님의 모습을 떠올릴 수 있다. 17
절부터 20절에 나타나는 하나님은 바로 시인의 기도를 들으시는
하나님이다. 이처럼 시인이 경험한 하나님은 자신의 기도를 들어주
시는 하나님이다.

지금까지 본문을 한 구절씩 살폈는데, 이제 마지막으로 20절을
보면, 시인은 자신의 시를 마무리하면서, 본문을 읽는 독자들이 자
신과 함께 하나님을 찬양할 것을 촉구하고, 우리가 그와 하나가
되기를 원한다. 그러면서 우리들에게 이렇게 말하고 싶어한다. '찬
양하라, 우리의 기도를 들으시는 구원의 하나님을'

Ⅲ. 우리의 상처와 아픔은 찬양할 이유
(시편 71:1 - 8)

채은하

시편 71편의 시인은 극심한 고통을 겪고 있을 때 지금까지 살았던 자신의 삶을 돌아보면서 그 시점에서 새로운 신앙적 희망과 삶의 용기를 이끌어 내고 있다. 시편 71편 1 - 24절 가운데 1 - 8절[171]까지만 다뤄 보기로 한다.

A. 시편의 양식과 구조

1. 양식과 배경

시편 71편은 기도의 노래(songs of prayer, <트필라>)로서 개인 탄원시에 속한다. 여기에 시인 '나'의 탄식과 도움에의 확신, 감사와 찬양의 내용이 포함되어 있다. 모빙켈[172]은 이 시편을 '보호시

---

171) 71편은 세 단락으로 나눌 수 있는데 세 단락들(1 - 8/9 - 18/19 - 24) 모두 거의 같은 내용을 다루고 있으므로 1 - 8절만 다루기로 한다.

편'(protective psalms)이라고 명명하였는데, 이것은 적의 위험으로부터의 보호와 도움을 여호와께 간절히 간구하는 내용이 들어 있기 때문이다. 모빙켈은 보호시편들은 재난이나 위기의 때가 지난 후 탄식을 위해 지어진 것이 아니라 임박한 위기를 맞아 하나님의 보호와 사랑을 얻으려고 기도와 금식의 날들을 위해 고안된 것이라고 한다. 그러나 탄원시라고 하여 언제나 긴박한 역사적 정황이 있는 것은 아니다. 한 개인이 자신의 주변 상황에 대해 파괴적이고 억압적으로 느낀 일련의 시련들을 위기의 언어들로 표현하고 있기에 시편 뒤에 자리잡고 있는 역사적 배경을 가려내기 어려운 점이 있다.

2. 구조

먼저 71편의 본문 전체의 구조를 살피는 일이 필요하다. 시편 71편을 분류하는 데 있어서 내용을 중심으로 단락을 나눌 수도 있지만, 71편을 읽어 보면 '찬양에의 요청'(vv. 6, 8,16,23 – 24)을 곳곳에서 발견할 수 있다. 그 '찬양'의 요소를 기초로 71편 전체를 1 – 8, 9 – 18, 19 – 24절로 구분해 볼 수 있다: 1 – 8절은 '시인의 도움 요청과 신뢰'가, 9 – 18절은 '시인의 고통과 도움 요청'이, 19 – 24 절은 '시인의 찬양 약속'을 담고 있다. 각 단락마다 찬양의 요소를 공통적으로 찾고 그것을 기준으로 단락을 나눌 수 있다. 이 시인은 여러 종류의 고통을 겪고 있지만 그가 끝까지 보존한 것은 '하나님께 대한 찬양'에의 믿음이다. 이것은 시인이 어떤 상황에서도

---

172) Mowinckel, *The Psalms in Israel's Worship* Ⅰ, 220.

하나님께 대한 믿음과 신뢰가 있기에 가능한 것이다. 이 찬양의 요소는 탄원시가 갖고 있는 가장 특징적인 것이다.

본 글의 범위인 71편 1-8절까지의 구조를 보면 하나님을 부르는 요소가 먼저 나타나고 있다(1a): '여호와여!'. 이어 1b-4절에서 극도의 어려움을 겪는 시인은 이것으로부터의 자유를 위해 하나님께 도움을 요청한다(명령형으로). 5-6절에서 시인은 하나님이 어떤 분인지 설명한다. 7a절에서 시인은 자신의 고통과 고민을 고백하고 있으나 7b-8절에서 하나님께 대한 신뢰와 믿음이 있기에 그 가운데서도 자신의 찬양 의지를 표현하고 있다.

다음 단락은 9-18절이다. 9-11절은 시인의 탄식 내용이, 12-13절에서는 1절에서 사용한 것(여호와)과는 다른 신명(엘로힘과 엘로하이[나의 하나님])으로 하나님을 부르면서, 하나님께 도움을 간구하고 있다. 시인은 하나님의 도움을 확신하기에 14절에서 하나님께 대한 찬양의 의지를 표현하고, 15-18절에서 한 걸음 더 나아가 하나님의 의로우심, 능력과 구원의 행적을 알릴 것을 말한다.

세 번째 단락의 첫 부분 19-21절에서 시인은 역시 하나님(엘로힘)을 부르면서 이스라엘의 구원 역사를 상기시키고 이를 바탕으로 자신의 믿음과 신뢰를 말한다. 22-24a절에서 하나님께 대한 감사와 찬양의 노래를 부를 의지를 말한다. 24b절에서 시인은 다시 한번 자신의 적이 수치를 당하게 될 것을 주님의 의로우심에 의지하여 간청하고 있다.

위에서 본 것처럼 시편 71편의 세 단락은 서로 공통되는 부분들이 있다: 1) 하나님을 부른다; 2) 탄식의 내용이 있다; 3) 하나님의 구원 역사와 능력과 의를 의지한다; 4) 하나님의 도움을 확신하고 그를 신뢰한다; 5) 찬양에의 권고가 있다. 이와 같은 요소들은 약간씩 순서를 달리하지만 각 부분에서 공통적으로 나타나는 요소들이다. 이를 간단하게 다음과 같은 도식으로 만들어 볼 수 있다:

1 - 8절	9 - 18절	19 - 24절
1a 하나님(여호와)! 1b - 4 하나님의 의에 의지하여 도움 요청 5 - 6a, 7 하나님의 신실성 6b, 8 찬양의 의지	9 - 11 탄식의 내용 12 하나님! (엘로힘, 엘로하이) 12 - 13 도움 요청 14 - 15 하나님의 능력과 행적을 알림 16 - 18 찬양에의 의지 하나님의 신실성	19 하나님(엘로힘)! 19 - 21 하나님의 신실성 22 - 24a 찬양에의 의지 24b 도움을 구함

위의 도식표에서 볼 수 있듯이 71편이 개인 탄원시임에도 불구하고 시인의 고통과 어려움의 토로보다는 하나님께 대한 신뢰와 믿음에 기초를 두고 하나님의 의와 구원 역사와 신실함을 알리고 이를 통해 하나님을 찬양하는 의지를 강하게 나타내고 있다. 시인은 육체적으로나 정신적으로 많은 고통과 적으로부터의 위협과 조롱을 겪고 있지만 거기에 머물지 않는다. 그는 이를 통하여 하나님의 능력과 신실하심을 상기하게 되고 그를 찬양하고 그렇게 하도록 독자들에게 독려하고 있다. 71편의 이런 구조는 이 시편의 핵심이 '하나님에 대한 믿음과 신뢰' 그리고 '하나님의 찬양'에 있음을 찾을 수 있게 한다. 그러므로 71편 전체를 모두 다루지 않고 첫 번째 단락인 1 - 8절만을 다루어도 시편 71편을 이해하는 데 무방하리라 여겨진다.

B. 본문 이해(71:1 – 8)

1a절. 고대의 이스라엘 사람들은 도피와 보호를 필요로 할 때 주의 성소를 찾던 습관이 있었다(왕상 1:49 – 53, 8:31 – 32, 출 21:13). 이 관습은 하나님의 보호를 필요로 할 때 사용되는 전형적인 언어로 나타났다. 따라서 하나님의 도움을 필요로 할 때 '오 하나님, 내가 주님께로 피합니다'라는 표현이 자주 나타나고 있다(시 7:2, 11:1, 16:1, 25:20, 31:1, 57:2). 이런 표현은 주로 탄원시의 처음이나 종결부분에 나타나고 있다. 71편 1a절에도 나타나는데, 이것은 시인 '나'가 자신의 어려운 상황의 해결은 바로 하나님으로부터 비롯된다고 믿는 그의 신앙 선언이라고 할 수 있다.

1b – 2절. 시인은 그의 도피처인 하나님께 간절히 도움을 청한다. 1b – 2절에 모두 5개의 동사가 사용되었는데 간구형과 가벼운 명령형으로 되어 있다. 시인은 다음과 같은 동사들을 사용하여 자신의 긴박한 사정을 표현하고 있다. 수치를 당하지 않게 하소서, 나를 건지소서, 해방시켜 주소서, 내게 귀를 기울이소서, 나를 구원하소서. 그가 하나님의 의에 호소한 것은 피억압자를 옹호하는 하나님의 의지를 알기 때문이다. 하나님의 의는 시인이 악인으로부터 벗어날 때 나타난다.

이 시편에서 '나님의 의' 모두 5회 사용되었다(2, 15, 16, 19, 24절). 이 표현이 사용된 예들을 보면 하나님의 의는 압제자의 심판과 의인의 승리를 말한다(시 22:32, 40:10 – 11, 51:14 – 16, 65:6, 사 46:12, 51:1, 5 – 6, 8). 여호와는 의로운 하나님이요 구속주이시다(사

45:21). 히브리어 <츠카>를 '의'라고 번역하고 있기 때문에 '하나님의 의'의 의미를 고정된 규칙에 따른 공의의 적용으로 이해하기 쉬우나 이는 모든 영역에서 질서와 공정함에 대한 그의 의지를 표현한 것이다.[173] 무엇보다 하나님의 의는 구원하는 능력이다. 시인은 바로 그런 하나님의 구원하는 능력 곧 하나님의 의에 의존하여 자신의 고통으로부터 벗어날 것을 간구하고 있다.

시인의 고통이 무엇인지 시편 71편은 자세히 말하고 있지 않지만 시인은 노인으로서 죽음의 문턱에 서 있는 듯하다(9, 17, 20절). 그는 아마도 개인적으로 중병을 앓고 있는지도 모른다. 외적으로 시인은 적들로부터 회자(膾炙)의 대상이 될 뿐만 아니라(9 - 11절)에워싸여 있다(4, 10절). 심지어 시인은 외적으로 하나님으로부터 버림을 받은 자로 보일 만큼 실패와 절망을 경험하고 있다(11절). 그러므로 시인은 하나님께 절규하고 있다. 그가 부끄러움을 당하지 않게 하시고 모든 어려움과 절망으로부터 건져 내어 완전한 해방을 얻게 해 달라고 간청한다. 궁극적으로 그는 하나님으로부터 구원을 받은 자로 설 수 있게 될 것을 간구하고 있다.

3절. 여기에서 사용된 은유 '바위'는 다윗이 사울 왕으로부터 피신하였던 장소를 상기시킨다. 다윗이 사울을 피하여 마온 광야에 있는 바위에 숨었던 적이 있었다. 사울은 다윗의 숨은 장소를 알고 쫓아갔으나 갑자기 블레셋의 공격으로 그곳을 떠나야 했다. 이것은 다윗이 사울로부터 피할 수 있는 절호의 기회가 되었다(삼상

---

173) W. Zimmerli, *Old Testament Theology in Outline* (Atlanta: John Knox, 1978), 142 - 43.

23:24 - 28). 시인은 다윗이 사울의 공격으로부터 피할 수 있었던 바위처럼 여호와 하나님이야말로 자신의 반석이요 산성이라고 고백한다. 그는 비록 적과 고난 때문에 쫓기는 몸이지만 하나님께서 그의 바위가 되어 주실 것임을 철저히 신뢰하고 있다.

시인은 하나님을 그의 완전한 피신처로 구하고 있다. 이는 여호와께서 그를 특별히 주목하여 시인의 반석이요 산성이 되어 그를 구원할 것을 믿기 때문이다. 그의 주요 관심은 '하나님과의 관계'가 손상을 당하지 아니하고 그리하여 그의 현재의 시련을 감당하고 극복해 낼 수 있는가에 있다. 그러나 어떤 고난이나 고통도 그를 하나님으로부터 결코 분리시키지 못한다.

4절. 시인은 '불의한 자와 흉악한 자'라고 표현된 악인 때문에 고통을 겪고 있다. 이들의 손으로부터 벗어나게 해 달라고 하나님께 간구하고 있다. 본문 속에서 이들의 신분과 고통의 정체를 밝힐 수 없지만 시인의 대적자들이 다양하게 표현되어 있다: 악인(4), 불의한 자(4), 흉악한 자(4), 원수(10), 나의 영혼을 엿보는 자(10), 내 영혼을 대적하는 자(12), 나를 모해하려던 자(24). 이 표현들을 보면 시인은 외부로부터 상처를 받고 이로 인해 상당히 괴로워하고 있다. 시인은 이들 때문에 생명의 위협조차 느끼고 있다.

5 - 6절. 시인은 이미 모태로부터 하나님께 전적으로 붙잡힌 존재라고 고백한다. 그러므로 시인은 처음부터 하나님을 의지하고 살아왔다. 시인 '나'는 노인이 되기까지 평생 동안 주(主)만을 의지한 사람이다(6절). 뿐만 아니라 어려서부터 지금까지 하나님의 놀라운

일들을 찬양하는 일에 교육을 받아 왔다(17절). 하나님의 존재와 행적 그리고 그의 길에 대한 오래된 기억을 갖고 있다(6, 17절). 하나님을 의지한다는 것은 생명과 소망의 근원임을 시인은 자신의 삶을 통해 경험해 왔다. 이제 그는 하나님의 놀라운 행위를 새로운 세대에게 전해 줄 수 있다. 그에게는 지금까지 살아왔던 지혜와 지식이 있다. 또한 그 지혜는 하나님으로부터 온 선물임을 아는 사람들이다. 지금까지의 인생 경험을 통해 하나님을 신뢰하고 그를 희망의 근거로 삼음으로써 그의 삶의 궁극적 의미를 볼 수 있게 해 준다. 그러므로 오늘의 아픔이 결코 문제가 되지 않는다. 오히려 이것은 하나님의 놀라운 행위를 기억하게 하고 그를 신뢰하고 찬양해야 할 이유가 된다.

7절. 시인이 외형적으로 겪는 어려운 상황은 많은 사람들에게 '이상한 징조'(표준새번역은 이를 '비난의 표적'으로 번역)로 이해되었다. 7절의 '이상한 징조'는 하나님의 적들을 두렵게 만드는 경고 내지는 이적으로 하나님의 능력을 나타낼 때 사용되었다(출 7:3, 11:9, 신 6:22, 왕상 13:3, 5, 사 20:3). 그러나 여기에서 이 용어는 저주받은 표시로 사용되어, 많은 사람들에게 그 표시로 인하여 그는 "하나님도 그를 버렸다 그를 건져 줄 사람이 없다."고 정죄될 만큼 모욕을 당하게 되었다(11절). 그럼에도 시인은 이를 하나님께 돌아가게 하는 섭리로 여기고 하나님을 더욱 신뢰하고 있다.

8절. 그러나 시인은 자신의 고통과 비난에 아랑곳하지 않는다. 그는 하나님의 수많은 기사(奇事)들을 회상하고 그의 입에 하나님

찬양을 가득 담는다. 이 시인에게 있어서 그의 고통과 여러 재난들은 오히려 찬양의 밑거름이 되고 있다. 하나님께서는 시인을 버리신 것이 아니라 여전히 신실하셔서 그에게 얼굴을 향하시고 계신다는 사실로 그는 위로를 얻는다. 71편의 시인에게 있어서 찬양할 이유는 오히려 그의 아픔과 비난이었다. 이것은 하나님을 찬양하고 신뢰해야 할 이유요 71편의 중심 주제이다.

C. 메시지 및 나가는 말

71편 22-23절을 보면 이 시편은 많은 사람들이 모이는 공중 예배에 낭송되었던 것으로 보인다. 어떤 학자들은 71편과 같은 시편은 위기(개인 혹은 국가)에 하나님의 보호와 사랑을 얻으려고 기도와 금식의 날을 위해 고안했다가 공중 예배에 사용되었다고 한다. 아니면 재난이나 위기의 때가 지난 후 탄식을 위해 지어진 시로 위기 극복을 감사하려고 지은 것이라고 말하기도 한다. 그러나 시편 71편이 위의 두 가지 경우 중 어느 쪽에 해당된다고 정확히 말할 수 없지만 분명한 것은 이스라엘 사람들에게 있어서 그들에게 닥친 위기는 곧 하나님을 신뢰하고 그의 간섭과 도움을 구하는 신앙의 기회가 되었다는 점이다. 그는 지금까지 하나님께서 도와주시고 보호해 주신 과거의 경험을 상기하고 이를 반복하면서 하나님을 찬양하고 그를 더욱 신뢰하게 되었다. 시편 전체 가운데 탄원시가-개인탄원시이든 공동 탄원시이든-상당한 양을 차지하는 것을 보면 인간은 아픔과 고통이 있을 때 더욱 하나님을 의지하게 되고 신뢰하는 일이 자연스러운 일인 듯하다.

무엇보다 71편 1-8절에서 면면히 흐르는 굵은 선은 시인의 「믿음과 신뢰」이다. 이것은 고통 가운데 드려진 그의 기도가 하나님께 받아들여질 것이라는 확신에서 비롯된 것이다. 시인이 하나님 앞에서 자신의 고통을 토로할 수 있음은 바로 이런 확신에 밑바탕을 두지 않고는 가능하지 않다. 그는 어려움을 통하여 그에게 도움을 주시는 하나님의 섭리를 믿음으로 받아들이고 있다.

Ⅳ. 왕을 위한, 그리고 왕을 기다리는 기도
(시편 72편)

김태훈

A. 서론적 고찰

1. 시 72편은 제왕시편

시 72편은 모두 표제와 후기를 포함하여 모두 20절로 이루어진 제왕시편이다.[174] 제왕시는 다른 시편의 양식들과 달리 주제나 구조적 특징이라기보다는, 왕이나 왕의 직무를 다룬다(주제가 감사든지, 애통이든지 간에). '본문'(표제를 제외하고) 속에 왕의 이름이 기록되어 있지도 않고, 왕 앞에 정관사도 없으므로, 특정한 왕만을 위하여 지은 혹은 특정한 왕에게만 해당되는 시편이 아니다. 즉위하는 왕이 누구이든지 간에 이상적이 왕이 되기를 기대하며 어떤

---

174) 고대 이스라엘의 신학에서 왕이나 왕권 자체는 일반적으로 하나님이 선물로 주신 것으로 인식되었으며(개인적으로는 인정받지 못한 왕도 있음, 예. 호 8:4), 실지 생활에서도 왕의 직무가 국가의 운명과 백성들의 신앙과 삶에 끼치는 영향 때문에 이스라엘의 예배는 왕들에 대한 관심을 포함했다. 왕과 하나님의 관계의 내용과 질은 국가와 백성의 운명의 절대적인 것이었기 때문이다.

왕에게도 요구되는 가장 이상적인 통치 방식과 업적이 어떠한 것인지를 즉위 기념 축제시 예배를 위해 만들어지고 사용된 시로 볼 수 있다(참고. 시 20, 21).[175]

시 72편은 메시아 시편으로 해석되기도 한다. 국가 통치 형태의 선택 가능성과 경험이 왕정 제도밖에 없는 시절에, 선한 왕의 등극과 통치는 중요한 기도제목이며 백성들의 이상적인 소원이었다. 세월이 가고 기다림이 오래되어도 그런 왕을 만날 수가 없다는 것을 알게 되었을 때, 미래의 이상적인 왕이나 역사 초월적인 왕을 위한 기도가 되기도 했다.[176] 이상적인 왕이 세계를 다스리는 예언자적 종말론과 비슷한 72편의 내용도 메시아 시편으로 해석되는 길을 열었을 것이다. 이상적인 선한 왕을 고대하던 왕정에 대한 현실적 낙심 상태의 신앙인들은 시 72편을 메시아 시편으로 이해되고 노래했다.[177] 사람들은 이 시편을 노래하며 새로운 이상적인 왕의 출현을 고대하게 되었을 것이고, 왕정이 완전히 사라진 포로 이후, 예배 공동체에서 이상적인 왕을 기다리는 기도와 찬송으로

---

175) Weiser, 502.

176) 클레멘츠는 그의 한 논문에서 이사야 40－66장과 제왕시편인 시 2, 72, 89편의 내용의 유사성을 인식하며(예를 들어, 시 72와 사 44:24－45:1) 이사야가 문학적으로 제왕 시편에 의존하고 있음을 지적한 바 있다. 그에 따르면, 포로기를 사는 유대인들은 제왕 시편에 나타난 하나님이 택한 왕을 통한 번영과 평화라는 과거의 전승을 채택하여 자신의 시대에 적합하게 해석했다. 그는 이사야 40－46장이 포로 후 시대를 반영한다고 하면서, 이 시대의 유대인들은 고레스 왕이 시 72편에 나타난 이상적인 왕인 것으로 믿었다고 주장한다. Ronald E. Clements, "Psalm 72 and Isaiah 40－66: A Study in Tradition," *Perspectives in Religious Studies* 28 no.4 (winter 2001): 333－41. 이사야 40－66장의 연대에 대한 클레멘츠의 주장에 동의하든 않든 간에, 고대의 제왕시편은 위와 유사한 방법으로 여호와에 대한 믿음과 회복을 믿는 각 시대의 신앙인들에게 메시아 시편으로 읽혔을 것이다.

177) 탈굼은 이 왕을 메시아로 보았으며, 초대교회 전통은 그리스도 현현의 시로 읽었다. Weiser, 502.

사용되었을 것이다. 이와 같은 방식으로 이 시편은 시대를 흘러가며 역사적 이스라엘 백성의 기도였고, 오늘날도 메시아를 기다리는 그들의 기도가 된다. 초대교회는 이 시편을 예언과 성취의 관점에서 보며 시편의 예언이 그리스도 안에서 성취된 것으로 보았다. 오늘도 그분의 '새 이스라엘'은 이 시편이 그들의 주님의 인격과 삶에서 성취된 것으로 보고, 그분의 오심과 통치를 기념하고 축하하는 해마다의 대강의 절기에 그것을 낭송한다.

2. 시 72편의 제2권의 종결부

시 72편의 정경상 위치는, 모세의 율법을 다섯 권으로 나누는 것처럼, 모두 다섯 권(1 – 41, 42 – 72, 73 – 89, 90 – 136, 137 – 150)으로 이루진 시편집 제2권의 마지막 장이다. 흥미로운 것은 시 1편을 시편 전체의 서론으로 보고 떼어 놓는다면, 각각의 경계지점에 제왕시편(2, 72, 89편)이 자리잡고 있다는 사실이다.[178] 시 41편은 예외적인데, 몇 구절들이 왕과 관계있는 것으로 '해석'될 수는 있지만, 왕에 대한 직접적인 언급이 나오지 않으므로 제왕시편이라고 보기 어렵다. 그러나 이 현상은 어쩌면 시편 집록 과정을 밝히는 실마리가 될지도 모른다. 시 2 – 42편의 표제에는 항상 '다윗'이라는 이름이 들어 있다. 시 43 – 72편 표제 대부분도 '다윗'을 담고 있다. 그러므로 우리는 앞의 두 권을 다윗의 이름과 관계된 집록으로 볼 수 있을 것이다.[179] 나중에 제1권과 제2권이 다윗 집

---

178) Gerald H. Wilson, "The Use of Royal Psalms at the 'Seams' of the Hebrew Psalter," *JSOT* 35 (1986), 87.

179) 제1권과 제2권은 독립적인 집록으로 존재했던 것으로 보인다. 시 41편 13절의 영광송과

록으로 합해지면서, 제왕시편이 나올 것으로 기대되는 시 41편에
는 제왕시편이 없고 대신 제3권과 경계가 되는 부분에 제왕시인
시 72편을 배치했을지도 모른다.[180] 이 경우 시 72편 20절의 '이
새의 아들 다윗의 기도가 끝나니라'는 시 2-72편의 종결어가 될
것이다.[181]

3. 저작연대: 표제와 내용으로부터

실마리는 표제의 솔로몬, 후기의 다윗, 그리고 국력에 대한 묘사
등이다. 먼저 표제는 시 127처럼 <리쉴로모>인데, 보통의 경우
시편 표제의 사람 이름과 함께 나오는 히브리 전치사 <라메드>
가 일반적으로 '저자의 라메드'(lamed auctoris)로 이해되긴 하지만,
시 72편에서도 그러한지는 확실치 않다.[182] 그러므로 '솔로몬의',
'솔로몬을 위한', '솔로몬에 속한', '솔로몬에게 봉헌된' 등으로 번
역가능하다. '솔로몬을 위한 기도'를 뜻할 가능성으로는 솔로몬과
연결할 만한 내용이 있기 때문이다. 후기(20절)의 '다윗의 기도'와
1절의 '왕의 아들'을 함께 고려하는 것, 그리고 스바의 여왕을 상

시 72편 18-19의 영광송이 그 증거일 것이다. 시편집은 율법의 예를 따라 다섯 책으로
분류되는데 각 책의 끝에 영송가가 나온다. 제1권(시 1-41편) 끝 41:14, 제2권(시 42
-72편) 끝 72:19, 제3권(시 73-89편) 끝 89:53, 제4권 끝 106:48에 나온다. 한편
제5권에 끝에는 나오지 않는데, 시 150편 전체가 시 107-149편의 영송가이거나, 시
13:21이 제5권의 영송가이며 그다음의 시들은 후대의 첨가라고 주장된다(오브레, 19).

180) Wilson, "The Use of Royal Psalms," 87.

181) 위의 책, 89. 시 42-72편에 다윗의 시가 아닌 시들이 몇 있고, 또 다윗의 기도가 필했
다고 보고하는 72편 다음에도 다윗의 시가 나오는 것을 의아하게 생각할 수 있을 것이다.
하나의 가능한 해결책으로는 72편과 함께 다윗의 시들의 집성이 마무리 된 후, 시간이 지
나면서 다른 시편들이 들어왔고, 또 다른 다윗의 시들도 수집할 필요가 있게 되어 72편
이후에 놓이게 되었다는 것이다. Longman Ⅲ., 『어떻게 시편을 읽을 것인가?』, 56.

182) 오브레, 23.

기시키는 10절, 국력에 대한 묘사(영토의 확장, 외국과의 교역에 관한 긍정적 태도), 평화로운 국내 정세에 대한 기대가 있다.

이 시편은 왕정에 대한 긍정적 시각을 담고 있다. 주전 8세기 예언자들이 왕정이 백성 돌보기에 실패한다고 비난하는 데 비해, 이 시편은 백성 돌보기가 왕의 의무요 책임이요 여호와께 인정받는 행위라고 말하고 있다. 그 어조는 꾸지람 분위기가 아니고 다윗 왕가에 대한 희망과 긍정으로 가득 차 있다.[183] 그러므로 주전 8세기 이전에, 그것도 이스라엘의 가장 이상적인 혹은 소망적인 시대에 쓰이고 수집된 것으로 보는 것이 타당할 것이다. 그 시대는 바로 아버지를 이어 아들도 함께 성공한 솔로몬 통치 때이다.[184] 이렇게 보면 표제의 <리쉴로모>는 디윗의 소망과 기대들이 후손(들)을 통해 성취되기를 원하는 '솔로몬을 위한 [다윗의 기도]'로 이해되는 것이 옳을 것이다.[185] 좀 여유를 둔다면 포로기 이전, 더 나아가 주전 8세기 이전 이스라엘 왕정에 대한 긍정적 평가가 있던 시기에 이스라엘 어떤 왕의 대관 의식을 위해 지어졌을 것이다.[186]

---

183) Wilson, "The Use of Royal Psalms," 91.

184) 다후드는 언어가 몇 절들에서 상당히 고대적(archaic)이라는 것과 1, 8, 10, 15절이 솔로몬에게 적용될 수 있고 '왕의 아들'은 다윗의 아들 솔로몬에 대한 언급으로 보아 <리쉴로모>를 솔로몬을 위한'으로 해석하면서 솔로몬 궁정의 한 관리(functionary)에 의해 작문되었을 것으로 본다. Dahood, *Psalm* II 51 - 100, 179, 180, 311); Weiser, 502, 591.

185) Wilson, "The Use of Royal Psalms," 89.

186) Dahhod는 왕(특히 솔로몬)의 대관식을 위한 저작이라고 주장한다. Dahood, *Psalms* II, 179.

4. 구조

1절 앞에 표제가 있고 마지막 20절에 시 42-72 혹은 2-72편
의 종결어가 나온다. 18-19절을 시 42-72편, 즉 제2권을 종결하
는 영송부분으로 보면 시 72편은 대략 같은 길이의 다섯 개의 연
으로 구성된다.

> 표제: <리쉴로모>(솔로몬의 혹은 솔로몬을 위한)
> 제1연(1-5절): 왕에게 하나님의 정의와 의를 주소서
> 제2연(6-8절): 왕의 통치가 땅에 편만하게 하소서
> 제3연(9-11절): 왕의 권세가 땅끝까지 이르게 하소서
> 제4연(12-15절): 백성을 살리는 왕
> 제5연(16-17절): 왕이 다스리는 풍요로운 나라
> 영송가(18-19절): 축복과 감사
> 후기(20절): 다윗의 기도가 필하니라

5. 주제

시 72편의 주제는 여호와께서 선택한 왕을 위한 기도와 소원이
며, 하나님-통치자-백성 사이의 이상적 관계 및 역할이다.[187) 왕
은 하나님을 의지하며 하나님의 의로우심을 구하고 하나님의 대리
인으로 백성을 돌본다. 정의로운 통치를 통해 정의로운 사회를 만
들며, 백성들의 삶에 관심을 가져 풍부한 나라를 만들고, 대외적으
로는 주변 국가들이 존경하는 강력한 국가를 만들 책임을 가진다.
이 세 가지 왕의 의무는 조블(D. Jobling)이 지적한 것처럼, 가난한
사람들의 삶에 개입하는 일, 풍성한 소출로 백성들을 평강케 하는

---

187) Marvin E. Tate, *Psalms 51-100*, 『시편 51-100』, WBC 성경주석 (서울: 솔로몬,
 2001), 383.

일, 국제 교역에서 큰 소득을 얻는 일 등 경제적인 면을 포함한다.[188] 하나님은 왕에게 통치에 필요한 올바름과 권세의 근원이 되시며 백성들의 기도를 들어 왕에게, 그리고 백성과 나라에 복을 내리신다. 그러나 여호와의 복은 무조건적 복의 약속이나 줄기찬 기도 자체에 근거하는 것이 아니라, 그의 백성을 향한 왕의 바른 통치 행위(12 - 14절)에 근거한다.[189] 즉 여호와 경외와 순종이 조건으로 주어진다. 한편, 백성들은 왕의 안위와 성공을 위해 기도하며 왕의 적합한 행위로 인해 하나님께 영광을 돌린다.

특징적인 것은 백성들은 선하고 능한 왕을 만나기를 소원하는데, 백성들의 기대는 왕 자신에게로 향하지 않고, 왕을 세우신, 그리고 그 왕의 왕이신 하나님께 기도의 형태로 드려진다. 그리고 마지막에는 훌륭한 통치를 이룬 왕이 아니라 여호와 하나님에 대한 영광송으로 바뀐다. 왕에게 복을 주시는 분은 하나님이시며, 또 왕이 하나님과의 바른 관계에 있어야 한다는 이스라엘의 신앙을 반영하고 있다.

B. 주석

1. 제1연: 왕에게 하나님의 정의와 의를 주소서(1 - 5절)

1절: 하나님이여 주의 판단력을 왕에게 주시고 주의 공의를 왕의 아들에게 주소서

---

188) David Jobling, "Deconstruction and the Political Analysis of Biblical Texts: A Jamesonian Reading of Psam 72," *Semeia*, no 59 (1992), 100. 110, 111 - 12, 120 이하. 조블링의 논문은 왕정 치하의 백성들의 삶을 사회 - 경제학적으로 분석하면서 시 72편이 왕권의 합법성에 관해서 백성들에게 어떤 영향을 미쳤는가에 대해 설명한다.

189) Wilson, "The Use of Royal Psalms," 89.

시 72편은 왕을 위한 기도로 시작한다(참고. 시 20; 28:8 이하; 61:6; 84:8 이하; 132). 제일 먼저 나오는 단어는 <엘로힘>, 즉 '하나님이여'라는 기도의 외침이다. 이 첫 단어로부터 우리는 시인의 마음을 안다. 왕이 성공하고 국가가 부강하고 백성이 평화롭게 사는 것을 소원하지만 이 모든 것은 하나님이 주시는 것이며 하나님과의 바른 관계에서 주어진다는 것이다. 그러므로 그는 '하나님' 하고 부르는 것이다. 그런 다음 시인은 자신의 원하는 바를 하나님께 아뢴다. 그 내용은 왕에게 왕의 통치에 가장 근본적이며 가장 필수적인 '판단력'과 '공의'를 주시라는 것이다. 한 나라를 다스리는 통치자에게 우선적으로 필요한 것이 이 덕목들이 아니고 무엇이겠는가? '판단력'으로 번역된 히브리 단어는 <미쉬파트>인데, 법의 결정과 적용과 관련된 뜻들을 가진다. 권세를 가진 왕이 해야 하는 일은 특권을 누리는 것이 아니라, 사회에 법이 바로 실행되게 하는 것이다.[190] 왕은 가장 높은 재판관이며 백성들이 호소할 수 있는 마지막 법정이다(삼하 8:15; 왕상 3:16이하). '공의'는 <츠다카>의 번역이며(대부분의 영어 성경은 justice [공의, 정의]보다는 righteousness[의, 의로움]로 번역함) 인간관계에서 정당하고 적합한 태도를 뜻한다. 혹은 선한 질서를 위한 유익한 힘(a beneficial power for good order)을 뜻한다.[191] 예를 들어, 가난한 사람을 돕지 않는 것이 <미쉬파트> 개념에 어긋난 것은 아니지만, <츠다카>한 행동은 아니다. 법이 올바로 실천 적용되고, 같은 사람으로

---

190) 〈키스오트 르벧 다윗〉(다윗 왕조의 보좌)는 〈키스오트 미쉬파트〉(심판의 보좌)로 불린다(시 122:5).

191) Kraus, *Psalms* 60 – 150, 77.

서 이웃을 향해 적합한 삶의 태도를 보이는 것이 좋은 세상이요 이런 세상을 만드는 것이 통치자의 의무이다.

그러나 왕이 실천할 <미쉬파트>와 <츠다카>는 '주'(당신)의 <미쉬파트>와 '주'(당신)의 <츠다카>이다. 두 가지로 생각할 수 있을 터인데, 하나는 <미쉬파트>와 <츠다카> 자체는 인간의 계약이나 본성에서 나오는 것이 아니라 '주'로부터 나온다는 뜻이며, 다른 하나는 부패하기 쉽고 가벼운 것이 되기 쉬운 사람의 <미쉬파트>나 사람의 <츠다카>가 아니라 참통치자이신 하나님의 <미쉬파트>와 <츠다카>가 필요하다는 뜻이다. 어느 경우든 왕은 하나님 통치를 세상에 실현하는 대리인이나 심부름꾼이며, 그의 이미지는 하나님의 의로우심을 반사시키는 거울 이미지이다.[192]

'왕의 아들'(<벤 멜렉>)은 이 글을 쓴 현왕의 '아들'일 수도 있고, 앞의 왕과 평행되는 것으로 보아 현왕 자신이며 선왕의 '아들'을 말하는 것일 수도 있다. 실지 한 왕조에서 새로운 왕이 된 사람은 그 이전 왕의 아들이기도 하다.[193] 그러나 하나의 전문용어로 <벤 멜렉>은 왕세자 (crown prince)이다. 그러므로 이 구절은 왕의 일반적 아들에 대한 것이라기보다는 젊은 통치자의 등극과 관련시켜 읽어야 할 것이다.[194] 그러면 이 왕세자는 누구일까? 이 시편을 '솔로몬의 기도'로 읽으면 왕과 왕의 아들은 모두 솔로몬일 것이며, '솔로몬을 위한 기도'로 보면 왕은 다윗, 왕의 아들은 솔로몬이 될 것이다. 20절의 '다윗의 기도'가 72편을 포함하는 것이

---

192) Weiser, 503.
193) Tate, 375.
194) Kraus, *Psalms* 60 - 150, 77.

라면, 시 72편의 표제는 '솔로몬을 위한' 기도가 되며 왕은 다윗, 아들은 솔로몬이 될 것이다.[195] 왜 시인이 주님의 <미쉬파트>와 <츠다카>가 왕에게 달라고 기도하는가? 다음 절에 그 이유가 나온다.

2절: 그가 주의 백성을 공의로 재판하며 주의 가난한 자를 정의로 재판하리니

시인은 백성을 말하면서 '왕의 백성'이 아니라 '주의 백성'이라고 말한다. 그러므로 '주의 백성'을 다스리고 섬기기 위해서는 1절의 주의 <미쉬파트>와 <츠다카>(여기서는 <체덱>)가 필요한 것이다. 오늘날도 정권을 잡은 모든 통치자들은 백성이 하나님과 어떤 관계를 갖고 있는지 분명히 알아야 한다. 여기서 인권도 나오고 바른 정치도 나오는 것이다. 백성들은 하나님의 백성이다. 왕은 누구인가? 왕은 하나님의 대리인으로서 하나님의 백성을 통치하는 자이다. 그러므로 왕은 하나님의 것을 빌어서 자기 통치를 하는 것이 아니라, 하나님의 대리인으로서 주님의 것을 가지고 집행하는 도구이다. 그러므로 왕은 대리인이요 백성의 참왕은 하나님이시다.

구체적으로 왕이 해야 하는 중요 기능은 무엇인가? 우주 만물을 다스리는 하나님이 그러하시듯, 왕은 공정한 재판을 통해 가난한 자의 억울함을 풀어 주고, 그들을 보호하는 것이다. 여기서 이 구절에서 중요한 한 사상을 발견하게 된다. 이스라엘의 통치 개념에

---

195) 1-2절의 기도는 그의 아들과 후손들을 위한 다윗의 기도로 읽혀지기를 의도하는 것으로 보인다. 다음에 나오는 구절들(8-11; 17)도 그에게 약속된 여호와의 복이 그의 후손에게도 이루어지기를 바라는 것일 것이다.

있어서 하나님-왕-백성이 긴밀히 연결되어 있다는 사실이다. 이스라엘의 참된 왕들은 모두 하나님을 경외하는 자들이었으며 또 그의 백성을 하나님의 백성으로 알고 도와주고 섬긴 사람들이다. 이 삼중관계가 잘못되어 권력을 남용하고 백성을 멸시-억압했던 역사를 우리는 잘 알고 있다. 지금으로부터 수천 년 전의 이 말씀은, 국민주권-민주화 시대인 오늘에도 시사하는 바가 크다. 왕의 정의로운 통치의 결과가 다음 절에 나온다.

3절: 의로 말미암아 산들이 백성에게 평강을 주며 작은 산들도 그리하리로다.[196)]

하나님이 왕에게 <미쉬파트>와 <츠다카>를 주시고, 왕이 하나님의 <체덱>과 <미쉬파트>로 백성을 섬기면, 백성에게는 산들로부터도 평강이 임하게 된다. 의가 하나님께로부터 온 것이고, 왕이 하나님의 의로 하나님의 백성을 올바로 대할 때, 하나님의 피조물인 우주 만물, 우주 질서마저 백성들에게 평강의 선물을 준다는 것이다. 평강으로 번역된 <샬롬>은 모든 것이 부족함이 없는 상태, 근심이 없는 상태를 말한다. 하나님의 의가 왕으로 말미암아 세상에 펼쳐질 때 백성들은 건강, 평화, 풍족한 삶을 누리게 된다.[197)] 정의와 평강은 이 세상의 많은 통치자들이 내놓는 슬로건이긴 하지만, 백성에게 평강을 주지 못한 경우가 허다하다. 그 이유는 하나님에 대한 인식과 백성들에 대한 근본적인 태도, 그리고

---

196) 앞의 산은 〈하르〉이며 뒤의 작은 산은 〈기브아〉의 번역으로 산보다 낮은 언덕을 말한다.
197) 시편 122편 5절과 함께, 예루살렘과 다윗 왕조는 백성을 향한 하나님의 통치의 도구이다. 그러므로 시 122편과 시 72편이 중요단어를 공유하고 있다는 것이 놀라운 일은 아니다 (정의, 122:5; 72:1, 2, 4; 평강, 122:6, 7, 8; 72:3, 7).

하나님에게서 오는 절대적 공의와 의로움의 부재 때문이다. 하나님을 두려워하고 백성을 사랑하는 통치자, 그리하여 자연마저 편을 들어 주는 통치자는 어떤 일을 하는 사람인가?

왕이 백성에게 하는 일은, 가난한 사람과 궁핍한 사람은 구출하고, 억압하는 사람은 꺾어 버리는 것이다. '가난한 사람'의 히브리 단어는 <아니>인데, '낮은 위치'와 관계있다. 사회, 경제, 종교적인 면에서 낮은 계층의 사람이며, 비천한 자, 겸손한 자, 경건한 빈자를 뜻한다. 여기서는 사회 – 경제적인 면에서 힘없고 가진 것 없어 업신여김을 받는 사람으로서 쉽게 억울한 일을 당하는 사람이다. 왕은 바른 판결을 통해 그들의 억울함을 풀어 준다('억울함을 풀어 주며'는 <이쉬포트>['그가 재판한다']의 번역이다). '궁핍한 사람'의 히브리 단어는 <엡욘>인데 기본적으로 '엄연한 현실적인 상태', '현실적인 여건'을 말하는 단어이다. 즉 아무 것도 없는 상태에 있는 사람, 그래서 무엇을 먹을까, 무엇을 입을까, 어떻게 오늘을 넘길까 걱정하며 무엇인가를 간절히 바라는 사람이다. '결핍(deficiency)'과 '절박한 필요(demand)'라는 단어가 <엡욘>을 가장 잘 표현한다. 이 두 부류의 사람들은 그 당시의 가난한 사람들이 고아, 과부, 나그네와는 달리 외부의 잘못된 권력 행사로 인해 발생한 사람들이다. 압박하는 자의 히브리 단어는 <오셰크>의 번역으로, 동사 <아샤크>는 '권력의 남용'과 관계있다. 그러므로

본문은 권력의 오용으로 말미암아 뒤집혀진 백성들의 운명을 하나
님의 대리인인 왕이 바로 잡는다는 뜻이다. 왕이 백성을 가난과 억
울함으로부터 구원한다는 것은, 생존을 위한 경제적 도움을 주는
것을 넘어, 근원적인 문제, 즉 악인이나 악한 제도를 해결하는 것을
포함한다(압박자를 꺾음). 결과 백성들은 하나님을 경외하게 된다.

이 구절을 문자적으로 번역하면 ‘그들이[198] 당신(주)을 두려워하
리이다. 태양과 함께 그리고 달의 앞에서’이다. 해와 달은 영원 전
부터 영원토록 존재하는 것이므로(고대인의 생각에), 여기서는 영
구한 세월을 뜻한다. 시 89:37 – 38에도 ‘내 앞의 태양처럼 그것이
영원히 서게 될 것이다’는 표현이 나온다. 왕의 선정의 결과 백성
들은 주님을 영원토록 경외하게 된다. 은혜를 입은 백성들이 왕의
하나님께 감사하며, 의로운 왕을 주셔 백성들을 구원한 그 하나님
을 영원히 섬기게 된다. 결국 모든 영광을 주님께 돌리기 위해서
도 왕의 의로운 통치가 요구된다.

---

198) 히브리 문장으로는 주어가 ‘그들이’인데, 칠십인역은 주어가 단수로 ‘그(왕)가 오래 사시기
를(《숨파라메네이》, 함께 옆에 머문다)’로 읽는다. NRS 역시 ‘그’로 읽는다. 샬롬 폴은 단
수로 보며 5절이 왕의 장수를 기원하는 전통적인 축복문으로 본다. Shalom Paul,
"Psalm 72:5 – A Traditional Blessing for the Long Life of the King," *JNES* 31
(1972]) 351 – 54.

2. 제2연: 왕의 통치가 땅에 편만하게 하소서(6-7절)

왕의 의로운 통치는 비와 소낙비처럼 땅을 적셔 풍요의 샬롬을 가져오고, 공의를 백성에게 집행하여 분열을 조화의 샬롬으로 변화시킨다. 이 역시 고대나 오늘이나 온 백성이 정치지도자들에게 바라는 것이 아닌가?

> 6-7절: 그는 벤 풀 위에 내리는 비같이, 땅을 적시는 소낙비같이 내리리니
> (혹은 내리게 하소서) 그의 날에 의인이 흥왕하여 평강의 풍성함이
> 달이 다할 때까지 이르리로다

이 구절을 읽을 때 한 질문이 생긴다. '벤 풀'<게즈> 위에 비가 내리는 것이 무슨 유익이 있는가? 그러므로 벤 풀은, '벤 풀 위에 내리는'과 '땅을 적시는'을 평행으로 볼 때, 경작된 땅을 뜻하는지도 모른다. 그러나 비가 경작된 땅위만 내리는 것은 아니므로 보다 넓은 개념의, 온 땅에 내리는 비와 같은, 왕의 영향력에 대한 언급일 수도 있다. 어떤 경우든, 왕의 의로운 통치는 비와 같아서 땅을 적시고, 열매를 맺게 하고, 땅의 모든 생물에게 활력을 준다. 고대근동의 바알신앙과 비교할 때, 비와 풍요는 바알이 주는 것이지만, 여기서는 비와 풍요는 하나님을 의존하는 왕에 의해서 하나님의 복으로 주어지는 것임을 분명히 밝힌다. 하나님이 자연의 주인이시며, 의로운 통치자들을 통하여 '하나님의 복'이 땅과 백성에게 내린다는 사실이다.

왕의 날에는, 역사의 많은 왕들이 자신의 흥왕을 위해 통치하고 또한 왕 자신만 통치의 결과를 누리는 것과 달리, 의인, 즉 바르

게 사는 백성이 흥황하고 풍성한 샬롬을 오랫동안(달이 마르고 닳도록) 누리게 된다.[199] 그러므로 <샬롬>은 부유한 사람이나 권력자의 웰빙(well-being)이 아니라, 도움이 필요한 사람들의 웰빙이다(2, 4, 12-14). 조블링은 이 부분을 다음과 같이 도표로 요약한다.[200]

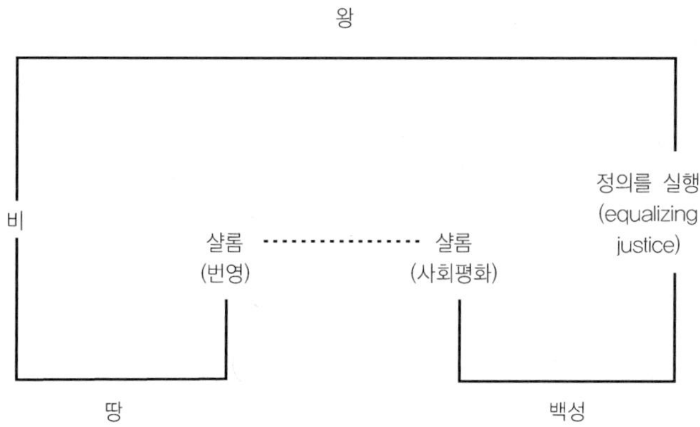

3. 제3연: 왕의 권세가 땅끝까지 이르게 하소서(8-11절)

왕은 백성에게 선정을 베풀 뿐 아니라 대외적으로도 존경의 대상이 된다. 안으로는 백성의 삶을 보살피며 외적으로는 다른 나라들보다 우승한 나라를 만드는 것, 이것이 모든 왕에게 백성들이 바라는 것이리라. 그러므로 왕의 지배력 확장은 왕의 정치적 과대망상적 성취욕 혹은 정복욕에서 나오는 것이 아니라, 왕과 하나님

---

199) 여기서의 〈샬롬〉은 내적으로 평안한 느낌이 아니라 여호와께서 보장하는 정치적인 실체이다(Kraus, 79).

200) Jobling, 102.

나라와의 관련성 속에서, 모든 나라들로 하여금 하나님을 섬기게 하는 소망에서 나오는 것이다.[201]

8절: 그가 바다에서부터 바다까지와 강에서부터 땅끝까지 다스리리니

바다에서 바다까지는 전 세계를 뜻하는 것으로 보인다. 그런데 왜 '땅끝에서 땅끝'이 아니고 '강에서부터 땅끝'인가? 강은 어느 강을 말하는가? 혹 성전 혹은 예루살렘에서 흘러나오는 왕의 권세를 말하는 것인가?(참고. 겔 47장의 하나님의 은혜의 물줄기, 즉 하나님의 통치). 다른 구절들을 볼 때, 다윗과 솔로몬이 다스리던 현실적인 영토를 말하는 것으로 보인다(참고. 창 15:18; 신 11:24: 왕상 4:21; 왕하 24:7: 대상 5:9: 대하 9:26).

9절: 광야에 사는 자는 그 앞에 굽히며 그의 원수들은 티끌을 핥을 것이며

'광야에 사는 자'는 <치임>의 번역으로 '야생동물' 혹은 '사막 거주자'를 뜻한다. 이들은 이스라엘 영토로 끊임없이 침입하는 모압, 암몬, 에돔 혹은 아라비아 지방의 유목민들에 대한 언급일 수 있다. 혹은 이스라엘 왕의 공격을 받아 폐허(광야)가 되어 버린 적국에 대한 비유일 수도 있다.[202] '굽히며(무릎을 꿇고)……티끌을 핥는 것'은 머리를 땅에 때고 절하는 모습을 연상케 한다(참고. 사 49:23; 샬만에셀 3세의 검은 방첨탑의 예후).

---

201) Weiser, 504.
202) <치임>이 뒤에 나오는 '원수'와 평행된다고 보아 <치림>(적)으로 고쳐 읽기도 한다(예. NRS). 칠십인 역은 LXX 에디오피아로 고쳐 읽는다.

10절: 다시스와 섬의 왕들이 조공을 바치며 스바와 시바 왕들이 예물을 드리
    리로다

다시스의 위치에 대하여는 두 견해가 있다. 이탈리아의 섬 사르
디나와 남스페인의 페니키아 식민지였던 타테서스(Tartesus)이다.203)
'섬의 왕들'은 지중해의 연안과 도서 지방의 왕들이다. 스바와 시
바에 대한 히브리어는 순서대로 שׁבא(<쉬바>)와 סבא(<스바>)이다.
<쉬바>는 부유한 곳으로 알려진 남아라비아에 위치한 곳(사
60:6; 렘 6:20; 겔 27:22 – 25)이며, <스바>는 현 예멘에 있었던
아랍 왕국이거나 북아프리카의 한 나라일 것이다(창 10:7; 사 43:3;
45:15; 욜 3:8; 대상 1:9).204) 솔로몬은 부친 다윗의 영토 확장의
결과로 근동의 중요 두 주도로인 비아 마리스(Via Maris)와 왕의
고속도로(King's Highway)를 확보했고 두 로를 통한 지중해 해상
무역과 에시온게벨을 통한 아프리카 무역에 참여했다. 역으로 다른
나라들도 솔로몬 왕국과 교류하려 했다. 유럽 – 아시아 – 아프리카
중간에 위치하며 중요한 항구들과 카라반 루트를 점유하고 확장된
통일 이스라엘과 선린관계를 맺으려고 조공과 예물로 이스라엘 왕
을 호의를 얻고자 했을 것이다.205) 그러므로 우리의 본문은 다윗 –
솔로몬 시대의 나라의 부강을 나타내며, 동시에 후대의 백성들의
꿈이 되었을 것이다.

---

203) 참고. Tate, 376; Kraus, *Psalms 60 – 150*, 79.

204) Kraus, *Psalms 60 – 150*, 79.

205) <에쉬카르>는 성서를 통틀어 여기서만 나오므로(Hapax Legomenon) 어떤 예물인지, 어
    떤 상황에서 드리는 것인지 정확하게 규정할 수 없다.

하나님을 의지하며 하나님의 의를 자신의 나라에 실천하는 왕에게 주어지는 선물은, 자기 백성에게 사랑받을 뿐 아니라 모든 나라들에게도 존경받는 왕이 된다. 따라서 그의 백성과 그의 나라도 우등 국민 우등 국가가 된다.

4. 제4연: 백성을 살리는 왕(12 - 15절)

12 - 13절: 그는 궁핍한 자가 부르짖을 때에 건지며 도움이 없는 가난한 자도 건지며 그는 가난한 자와 궁핍한 자를 불쌍히 여기며 궁핍한 자의 생명을 구원하며

왕은 나라를 군사적으로 강하고 경제적으로 부유하게 만들어야 한다. 그러나 그는 동시에 백성들을 보살피는 자이다. 그러므로 이미 언급한 내정이 여기에서 다시 반복된다. 앞의 궁핍한 자<에브욘>와 가난한 자<아니> 외에 다른 단어가 나오는데 그것은 가난한 자(<달>, 13절)이다. <달>은 약간의 재산이 있는 자유민을 말한다. 가난한 자(달)는 원래는 재산이 있었으나 외부적 억압, 환경, 착취를 견뎌 내지 못하고 망하게 된 사람이다. 인구 조사를 받을 때 계수 중에 드는 부자가 반 세겔을 내어야 하는 것처럼 <달> 역시 반 세겔을 내어야 한다(너희의 생명을 속하기 위하여 여호와께 드릴 때에 부자라고 반 세겔 더 내지 말고 가난한 자<달>라고 덜 내지 말지며, 출 30:15). 나병에 걸린 사람이 빈한 사람 <달>일 경우 어떤 제물을 드려야 하는가를 규정하는 법에서 볼 수 있듯이, <달>은 다른 사람들보다 적긴 해도 어린 수양,

고운 가루 에바 십분의 일과 일정량의 기름을 드릴 수 있는 형편의 사람이다(레 14:21). 이런 정황에서 볼 때 <달>은 적은 재산이라도 가지고 있는 '자유민'(a free townsman)으로 정의될 수 있다.206) 아모스 본문은 이들이 권력자 밑에서 당하는 곤란을 자세히 묘사한다. 그들은 원래 차출될 곡식(암 5:11)과 포도주(암 4:1; 참고. 욥 20:10)를 가지고 있다. 그러나 그들 역시 생계를 잇기 위해 매일 매일 중노동해야 하며 결국은 힘을 가진 사람들에게 그가 가지고 있던 작은 것까지 빼앗기는 사람들이다. 그들은 법정조차 오직 권세 있고 부유한 사람들의 이익을 대변하므로, 자신들을 보호해 줄 것이라 믿고 호소하는 법정에서도 도움을 받지 못한다. 그들은 모질게 다루어지고(암 2:7) 억압받고(암 4:1) 아주 싼 값에 팔려가도(암 8:6) 호소할 곳도 없는 사람들이다. 과도한 세금으로 착취당하고(암 5:11), 재판정에서도 권력자의 뇌물공여로 말미암은 억울한 일에 대한 호소를 묵살당하고 결국은 물려받은 작은 땅조차 빼앗기고 결국은 거지가 되거나 노예가 되는 사람들이다(암 8:4).

그러나 의로운 왕은 다르다. 하나님이 궁핍하고 비천한 취급을 받고 착취당한 사람을 불쌍히 여기는 것처럼, 왕은 궁핍한 자의 부르짖는 소리를 듣고 생명을 구하며, 도움이 없는 자를 돕는 자가 되고, 그리고 억울하게 망해 버린 자(<달>, '가난한 자')를 불쌍히 여긴다. '불쌍히 여긴다'는 <후스>의 번역인데 기본 뜻은 '불쌍히 여기는 마음으로 바라보다'이다. 이렇게 가난한 자를 향하여 왕이 가져야 하는 마음이 반복되는 것은 왕이 얼마나 백성을

---

206) *TDOT* III. 219.

위해서 일해야 하는 가를 보여 주는 것이다. 파당이나 정파보다는 백성의 아픔을 공유하고 백성의 작은 신음에 귀를 기울이고 백성들의 무너진 삶에 가슴아파하는 통치자는 우리 시대에도 필요하지 않는가?

가난하고 궁핍한 사람들은 압박(<토크>, 억압)과 강포(<하마스>, 폭력)의 희생자이므로 그는 정의의 실행자로서 모든 악한 사회 - 정치 - 경제 권력을 타파하고 그들을 구원해 낸다. 많은 왕들이 무엇이 옳음을 앎에도 불구하고 백성들을 구해 내지 못한 이유는 왕 자신이 착취 - 억압자일 뿐 아니라 사회부패 엘리트들과 결탁되어 있기 때문이다. 혹은 부패와 억압이 사회 너무 깊이 뿌리 박혀, 왕의 힘으로는 군사 - 정치 - 경제 - 사회의 부패 세력을 일소할 수 없는 경우도 있다. 그러나 하나님의 정의로 통치하는 왕은 모든 불의를 파괴하고, 억울한 삶을 사는 하나님의 백성들을 구해 낸다.

'구원하리니'는 <가알>의 번역인데, 이 단어는 대개 두 가지 의미로 사용된다. 첫째, '되사다', '친척의 역할을 수행하다'는 뜻으로 죽은 자의 형제나 친척이 죽은 자의 과부와 결혼하여 죽은 남편의 이름으로 자녀를 갖게 하다는 뜻이다. 둘째, '살인의 피에 대해 보복하다(민 35:19 - 27)'는 뜻이다 전자로 보면 왕이 어려운 사람의 가족 노릇을 하는 것을 보여 주며, 후자로 보면 백성을 착취하는 탐관오리나 사회 지도층을 처벌하여 백성의 삶을 회복시킨다는 뜻이 된다. 어느 쪽이든 왕의 희생과 수고를 포함한다. 그리하여 백성의 피가 왕 앞에서는 귀한 것이 된다. 백성의 피와 눈물이 값비싼 사회가 성숙하고 정의로운 사회이다. 사람의 피를 가벼이 여기는 국가나 사람은 무슨 말로 포장하고 무슨 이론이나 교리를 주장해도 그것은 잘못된 체제이다. 위대한 왕은 적을 많이 죽이는 사람이 아니라 자기 백성을 살리는 사람이다(여기에는 적의 파괴도 포함된다).

15절: 그들이 생존하여 스바의 금을 그에게 드리며 사람들이 그를 위하여 항
상 기도하고 종일 찬송하리로다[207]

결과는 죽은 것과 다른 없는 사람들이 살아나며, 그들의 가정이 살아나고, 그들의 기업이 살아나고, 그들의 생애가 새롭게 되고, 그들의 눈물이 변하여 희락이 된다. 이것이 바로 한 단어 '생존한다'에 들어 있다. 사람들은 감사한 마음으로 가장 귀한 것 (스바의 금)을 왕에게 주며, 마음으로부터 그를 위해 하나님께 기도하고 복을 빌고 칭송한다. 하나님을 경외하고 백성을 사랑하는 사람이 마땅히 받아야 할 것들이 왕에게 돌려진다. 이와 같이 왕이 권세를 확장하는 이유는 약자에 대한 의를 실현하고 그들을 불쌍히 여기는 마음에서이다. 그러므로 확장은 왕 자신을 위한 것이 아니고,

---

207) 이 절에는 동사 네 개가 나오는데 히브리어로 볼 때, 주어는 모두 단수이다. 즉 "그는 생
존하여 그가 스바의 금을 그에게 드리며, 그는 그를 위하여 항상 기도하고, 그는 종일 그
를 축복(찬송)하리로다"이다. 문제는 주어 '그'가 왕이면 문장이 우습게 되어 버린다. "왕
이 생존하여 왕이 스바의 금을 왕에게 드리며, 왕은 왕을 위하여 항상 기도하고, 왕은 종
일 왕을 축복하리로다"가 된다. 그래서 대부분의 영어 번역은 수동태로 만들어 주어를 숨
겨 버린다. 히브리 단어도 살리고 문맥도 살리려면 '그'를 '그들'의 대표단수로 보면 될
것이다. 그런 면에서 한글개역의 번역은 성공적이라고 판단된다.

왕의 의의 대가도 아니며, 하나님의 의가 백성들의 삶 속에 구현
되게 하는 하나님을 향한 왕의 충성에서 나오는 것이다. 백성을
사랑하고 하나님께 충성하는 왕, 이것이 이스라엘의 기도이다. 살
아나는 백성, 살아나는 경제, 살아나는 교육, 살아나는 화해, 그리
고 존경받는 왕, 기도 받는 왕, 축복받는 왕, 백성들의 사랑을 받
는 왕, 이것이 우리와 우리 백성들이 바라는 바가 아닌가?

5. 제5연: 왕이 다스리는 풍요로운 나라(16 - 17절)

16절: 산꼭대기의 땅에도 곡식이 풍성하고 그것의 열매가 레바논같이 흔들리
며 성에 있는 자가 땅의 풀같이 왕성하리로다.

'산꼭대기 높은 곳에 있는 땅'에 마저(혹은 땅에도 산꼭대기에도,
히. <바아레츠 브로쉬 하림>) 곡식이 '풍성하고'(<피사트>의 원
뜻은 불분명), 레바논의 울창한 숲을 지나가는 바람이 나무를 흔들
듯 풍성한 열매들이 흔들거리며, 성읍마다 백성들이 들에 풍성히
돋아난 풀처럼 풍성하고 흥왕한 태평성대의 날들을 살게 된다.

17절: 그의 이름이 영구함이여 그의 이름이 해와 같이 장구하리로다 사람들이
그로 말미암아 복을 받으리니 모든 민족이 다 그를 복되다 하리로다

왕을 향한 여호와의 복은 무조건적 복의 약속에 근거하는 것이
아니라 그의 백성을 향한 왕의 바른 통치 행위(12 - 14)에 근거한
다.[208] 즉 여호와 경외와 순종이 조건으로 주어진다. 결과 왕의 이

---

208) Wilson, 89.

름이 모든 사람에게 영원토록(영구함이여, 해와 같이) 기억되며, 모든 민족이 왕으로 인하여 하나님으로부터 복을 받게(<이트바르쿠>) 되고, 사람들은 왕이 행복해하고 복 받았으면 하고 소원한다(<여아쉬루후>).209)

6. 영송가(18 - 19절)

18 - 19절: 홀로 기이한 일들을 행하시는 여호와 하나님 곧 이스라엘의 하나
님을 찬송하며 그 영화로운 이름을 영원히 찬송할지어다 온 땅에
그의 영광이 충만할지어다 아멘 아멘

왕의 정의로운 통치는 하나님의 주권적 통치의 반영이며 이스라엘을 구원하시는 하나님의 사랑의 반영이다. 왕이 이룩한 모든 것은 하나님이 허락하시고 복 주신 것이며, 백성들을 구원하여 평강의 삶으로 인도한 것도 왕을 통해 하나님이 하신 것이다. 하나님이 이스라엘의 참왕이시며, 하나님만이 국가와 자연과 사람들의 하

---

209) '복을 빌다(bless)'를 뜻하는 두 히브리 단어가 있는데, 하나는 〈b-r-k〉이며 하나는 〈'-sh-r〉이다. 차이를 구별하면, 〈b-r-k〉는 하나님이 사람에게 '복을 내리신다'는 뜻으로 혹은 사람들이 하나님을 '찬양한다'는 뜻으로 쓰인다(예. 시 28:6, 31:22). 그러나 〈'-sh-r〉는 하나님의 입술에서는 나오지 않고, 또 사람이 하나님을 찬양할 때 쓰이지도 않는다. 〈'-sh-r〉는 "하나님을 신뢰하는 사람이 잘되었으면 하는 바람 혹은 부러움"이 담겨 있다. 하나님이 사람이 아니시므로 어떤 사람이 복 받았으면 하는 소망이 있을 리도 없고 어떤 특정한 상태의 사람을 부러워하지도 않는다. 그냥 복을 주시면 되는 것이다. 또한 〈b-r-k〉은 (하나님이 사람에게 쓸 때) 복주심의 뜻이며, 〈'-sh-r〉는 사람에 대한 축하 개념이 들어 있다. 〈b-r-k〉가 하나님의 주권적 행위인데 비해, 〈'-sh-r〉는 사람의 바람직한 어떤 행동과 관계된다. 예를 들어, 복 있는〈'-sh-r〉 사람은, 악인의 꾀를 좇지 아니하고(시 1:1), 여호와께 피하는 사람이며(시 2:12; 34:8 등), 여호와를 의지하는 사람이며(시 40:4), 하나님의 말씀과 길을 사모하는 자이다(시 1:2; 112:1; 119:1, 2; 128:1; 잠 8:32; 16:20 등). 가난한 자를 보살피는 사람도 복되다(시 41:1; 잠 14:21), 즉 '그런 사람은 참 잘될 것이야', '그런 사람이 복 안 받고 누가 받아', '그렇게 사니 참 축하합니다' 등의 뜻이다. 요약하면, 〈b-r-k〉는 하나님께로부터 내려오는 직접적 복주심이며, 〈'-sh-r〉는 하나님이 복 주시기를 바라는 마음이나, 특정인의 삶의 태도나 결과에 대한 사람들의 부러움이나 소망을 담는다.

나님이시며, 하나님이 왕과 백성에게 복을 주신 것이다. 그러므로 비록 사람들의 칭송이 왕과 나라와 백성에게 주어지지만, 참 영광을 받으실 분은 하나님이시다. 그래서 하나님을 아는 이스라엘과 백성과 왕은 이 모든 영광을 하나님께 돌린다. 실로 그분은 홀로 (역사적으로, 그리고 우주적으로) 기이한 일을 행하시는(행하실 수 있는) 분이시며 그 이름이 영원토록 찬양받으시기에 합당하신 분이시다. 아멘 아멘.

7. 후기(20절)

20절: 이새의 아들 다윗의 기도가 끝나니라

이 구절은 시 72편의 한 부분이라기보다는 시 72편뿐 아니라 시 2-72편까지에 나오는 모든 다윗 시편 집들의 후기로 생각된다.

C. 나가는 말

시 72편은 우리가 지금까지 읽은 것처럼, 현실 왕을 위한 기도다. 다윗이 자신의 아들을 위해서 처음 시작한 기도였고, 다음은 등극하는 모든 왕들을 위해 궁정에서 행해진 기도이며, 또 그다음은 현실세계에서 다스릴 이상인 왕을 기다리는 백성의 기도가 되었다. 본문은 왕이 가져야 할 덕목이 무엇인지 분명히 가르쳐 준다. 먼저는 통치자와 하나님과의 바른 관계이다. 모든 통치자는 사람을 진정으로 사랑하시는 하나님을 향한 바른 이해와 바른 관계가 있어야 한다. 하나님이 왕의 권세와 영광의 근원이다(18 – 19). 둘째는 하나님께로부터 오는(신적인 권위와 신적인 수준의) 공법과 정의를 가지고 통치해야 한다는 것이다. 그의 통치는 분명히 국가와 백성의 운명에 심각한 영향을 미친다. 왕의 올바른 통치는 해와 달의 영속성처럼 길 것이며, 토지에도 영향을 미친다. 나무에는 열매가 맺히고 온 나라들이 영원토록 그를 기억한다(8 – 11, 15, 17). 통치자들치고 공법과 정의를 외치지 않는 사람이 없지만, 그들의 통치가 공법과 정의의 통치라고 인정받지 못하는 것은 그 수준이나 질이 아주 편협적, 분파적, 이기적이라는 데 있다. 특정한 정파나 특정한 계층만을 위한 정의가 아니라 하나님께서 원하는 수준의 공법과 정의가 필요하다. 이런 일을 할 수 있는 통치자는 아주 바른 사람이거나 하나님을 두려워하는 사람일 것이다. 셋째, 바람직한 통치자는 백성들의 구체적인 삶에 관심을 가져야 한다. 공통적으로 권력이나 금력에서 거리가 먼 곳에 있는 가난한 사람, 억울한 사람, 배반당하거나 억압받는 사람을 살펴서 돕고, 해결해 주고, 풀어 주고, 고쳐 주어야 한다. 넷째, 현실적인 일로 국력과 국부 증강에 높은 관심을 두는 사람이다. 국가란 것이 내부 문제일 뿐 아니라 외부와의 관계 문제이기도 하기 때문이다. 자주는 홀로 선다는 것이니, 혼자 설 수 있는 강력한 힘과 부가 요구된다. 그런데 구호만 있고 힘이 없으면 약간의 외풍에도 넘어지게 될 것이다. 백성들의 삶과 나라의 부(경제)에 관심을 기울이며 외치(국력과 외교)에도 성공하는 이상적인 통치자가 백성들에게 참다운 샬롬을 가져다준다는 것을 시 72편은 잘 보여 준다.

72편은 왕을 위한 기도문으로서 무엇을 기도해야 하는가를 우리에게 가르쳐 준다. 자신의 삶뿐 아니라, 우리의 삶에 가장 직접적인 영향을 끼치고 결과를 가져오는 왕의 통치 방식에 대한 관심이다. 바른 왕을 기대해야 하고, 왕이 가져야 할 덕목이 무엇인지 바로 인식하여 왕을 평가할 수 있어야 하고, 또 왕이 올바른 통치를 하도록 그를 위해 기도해야 한다. 동시에 백성과 나라, 그리고 왕을 통치하는 분은 하나님이라는 것을 분명히 알고 하나님의 통치가 이루어지도록 기도하고 생활하고 또 특정한 책임을 맡아야 할 것이다.

그러나 우리에게는 또 다른 나라가 있는 것이 사실이다. 시 72편을 읽으며 선한 왕을 기대하고 부강한 나라를 꿈꾸었던 믿음의 선진들이 현실에서 낙심한 후 새로운 이상적 나라의 존재를 어렴풋이 알아 갔던 것처럼, 우리들은 새로운 나라와 통치를 알고 있다. 지상에서의 이상적인 통치를 기대하는 동시에, 이 나라에 절대적 가치를 두지 않고, 현실적 절망으로 인해 좌절하지 않는 소망의 나라를 기대한다. 이미 우리에게 임마누엘로 오셔서 하나님과 함께 다스리시는 만왕의 왕이 계신다. 그러나 대강절을 맞이하고 있는 지금, 2000년 전에 이미 오셔서 지금도 다스리시는 메시아 우리의 통치자를 기억한다. 그리고 다시 한번 우리의 마음을 가다듬고 궁극적인 주님의 통치를 대망하고 기도한다. 그리고 다시금 이스라엘의 왕들의 시대처럼, 시 72편의 인간 통치자를 통한 하나님의 통치가 우리 땅에 이루어지고 온 백성이 샬롬 속에 살기를, 우리나라가 정치 경제 군사 외교적으로 남부럽지 않는 나라가 되기를 기도한다.

V. 미처 다 부르지 못한 노래(시편 148:1 - 14)

채은하

시편 148편은 할렐루야로 시작하고 종결짓는 찬송의 노래이다 (일명 할렐 시편). 이 시편은 성전에서 예배를 위해 제사장이나 성가단원이 부르는 노래이다. 12절을 보면 이 시편은 성전 예배를 위해 예루살렘에 모인 신앙 공동체(교회)의 모습을 엿보게 한다.

A. 문학적 특성

시인은 매우 단호한 어조로 하나님께 대한 찬양을 명령하고 있다. '찬양하라!'는 동사가 명령형으로 9회, 약한 명령형(단축형)으로 2회, 모두 11회나 사용되고 있다. 우리가 자주 사용하는 할렐루야를 분석해 보면 '할렐루'는 '찬양하라'는 명령형이고, '야'는 여호와를 축약한 것으로써 '여호와(主)를 찬양하라'는 의미를 지닌다. 본문에서 찬양의 이유로 설명된 것은 자세히 언급되어 있지 않지만 첫째로 하나님의 창조와 운행(5절)과 둘째로 그의 백성을 위한 하나님의 구원(13절)이다. 이 시편은 히브리어로는 읽고 듣기 편하게 3+3조나 4+4조로 되어 있어 청중이나 함께 따라 부르는 회중에게 쉽게 다가갈 수 있지만, 한국어 번역으로는 히브리어에서 느낄 수 있는 박자에 맞추어 부를 수 없는 제한점이 있다(이런 측면에서 개역(개정)성경보다는 표준 새 번역이나 공동번역이 히브리어의 운율을 더 염두에 두었다고 할 수 있다).

예술가나 문학인은 자신의 작품으로 평가되고 인정받듯이 여호와 하나님은 그가 만드신 창조물과 그의 운영 질서와 그가 행하신 구원 역사를 통해 자신을 나타내고, 그것으로 영광을 받으신다. 이처럼 찬송시는 여호와와 그분의 영광에만 관심을 두는 만큼 가장 순수하게 시인의 신앙을 표현한다고 할 수 있다.

B. 본문의 구분과 이해

시편 148편은 내용상(찬양하는 주체: 천상의 존재, 지상의 존재, 인간) 세 부분으로 구분하는 것이 적절해 보인다(1-6절, 7-10절, 11-14절). 이스라엘을 언급하는 14절을 따로 분리하기도 하지만 세 번째 부분은 이스라엘을 포함한 인간 전체를 대상으로 하고 있다.

1. 1-6절: 천상의 모든 존재들

'찬양하라'는 용어가 모두 11회 사용되었는데, 대부분 이 단락에 집중되어 있다(9회). 시인은 하늘에 속한 존재들로 하여금 하나님을 찬양하라고 명령한다(시 19:1, 29:1). 하늘의 존재들이 소개된다: 사자(使者)들, 군대들, 해와 달, 별들, 하늘 위의 하늘, 하늘 위의 물. 1절에 언급된 '사자들'과 '군대들'은 각기 다른 것으로 이해할 수 있지만, 이 둘 모두 천사로 이해해도 무방하다. 현재의 과학 상식과는 달리 '하늘 위의 하늘'과 '하늘 위의 물'과 같은 표현은 고대의 우주관에서 비롯된 것으로 하늘에 물이 저장된 것으로 이해한 것이다(참고, 창 1:6-7). 하늘 위에 저장된 물은 비를 내리게 한다(노아의 홍수, '하늘에서는 홍수문들이 열려서……', 창 7:11).

하늘의 존재들이 하나님을 찬양해야 할 이유는 이들이 하나님의 명령에 의해 창조되었다는 것과 창조시에 주어진 질서와 계획대로 한 치의 오차도 없이 운행되기 때문이다. 6절의 '명'(표준 새 번역은 '법칙'으로 번역, 헤크)은 창조된 모든 것을 조절하고 통치하는 규칙성을 말한다(렘 31:35f, 33:25, 욥 28:26, 38:8). 이처럼 시인은 찬양해야 할 첫 주체를 하늘의 것들로부터 시작하고 있다. 시인의 시야는 우주적이고 넓다. 하늘의 존재들이라 하여 땅에 사는 시인의 관심으로부터 벗어나지 않는다. 땅에 속한 것들과 하늘의 존재가 서로 분리될 수 없다는 포괄적인 우주관에서 비롯된 것이다(다니엘 10:13-14, 천사들의 전쟁은 지상의 인간에게 영향을 미친다). 천사들과 해 달 별과 같은 하늘의 존재들은 자신의 자리를 여호와의 뜻대로 지키고 운행하면서 그의 이름을 찬양해야 한다.

2. 7-10절: 지상의 모든 존재들(인간 제외)

시인은 이제 땅으로 그의 관심을 돌린다. 인간을 제외한 지상에 속한 모든 피조물들이 주님을 찬양하도록 지시받고 있다(7절에서만 1회 사용). 먼저 땅과 바다가 하나님 찬양에 참여하도록 부름을

받는다. 개역(개정) 성경은 ‘너희 용들과 바다여 땅에서 여호와를
찬양하라’로 번역되었으나 땅과 바다를 분리하여 ‘땅도 찬양하여
라, 바다의 고기도 깊은 바다도’(공동번역)로 번역하는 것이 원문과
더 가깝다. 여기에 불, 우박, 눈과 서리, 바람과 산들과 언덕 그리
고 온갖 과실나무와 초목들 그리고 새를 포함한 모든 종류의 동물
들에게도 하나님께 찬양하라고 명령한다. 이 같은 피조물의 나열은
땅에 있는 모든 존재들을 표현하려는 것이다. 이들은 모두 하나님
을 찬양해야 한다. 크고 작은 산들과 언덕과 같은 무생물도 하나
님 찬양에서 제외되지 않는다. 이 땅의 모든 피조물들은 하나님의
명에 따라 창조되었고 그의 창조 질서와 조화에 따라 생존하기 때
문이다. 그러므로 어느 피조물도 하나님을 찬양하는 것으로부터 제
외될 수 없다.

3. 11 - 14절: 지상의 모든 존재들(인간)

인간은 땅에 속한 다른 피조물과 달리 그들의 신분과 성(性)과
세대에 따라 구별된다. 11절에서는 세상의 권세자들(왕과 국가들,
방백과 모든 재판관들)을, 12절에는 남녀노소들이, 14절에는 주님
을 가까이하는 자들과 이스라엘이 언급되었다. 인간 세계의 모든
사람들은 계층과 빈부나 남녀차별과는 무관하게 하나님을 찬양해
야 한다고 말한다. 하나님을 찬양하는 데 있어서 어떤 차별(신분이
나 성차별, 연령)이 있을 수 없다. 13절에서 이들에게 찬양을 권유
한다. 이들의 찬양은 여호와의 이름을 높이기 위해서이다. 여호와
께서 ‘뿔을 올리셨다는 것’이 14절에 언급되어 있는데(표준 새 번

역은 '그의 백성을 강하게 하신다'로 의역하고 있다), 이것은 승리와 번영을 의미한다. '뿔'은 힘에 대한 상징으로(시 75:5, 10, 89:17, 24) 하나님의 백성에게 구원의 확신과 삶에 대한 새로운 용기를 더해준다. 그의 백성을 위해 뿔을 올리셨다는 것은 인간 구원의 의지적 표현이요 그의 궁극적인 목표이다. 첫 성탄절 때 하늘의 천군 천사들이 "'하나님의 영광과 땅의 평화'(누가 2:13 - 14)를 외쳤던 사건은 하늘과 땅이 연합하여 하나님을 찬양한 절정의 순간이기도 하다.

하나님을 찬양하는 목적은 온 우주(하늘과 땅과 인간)가 하나가 되고 일치되는 데 있다. 그러나 지금 곳곳에서 하나님이 지으신 피조물이 신음하고 있다. 이제 하나님을 향한 찬양의 소리를 하늘과 땅에 속한 모든 피조물까지 확대하여 그들이 자기의 자리에서 하나님을 찬양할 수 있도록 해야 한다. 이 세계에서 일어나는 모든 자연 현상과 생명 있는 것이나 없는 것이나 모두 한 소리로 주를 찬양할 수 있도록 우리의 굳은 다짐과 결단이 필요하다. 또한 하나님을 향한 우리의 찬양은 모든 사람들이 참여할 수 있어야 한다. 권세 있는 자나 없는 자나 지위가 높거나 낮거나 학식이 있든지 없든지 부유한 자나 빈곤한 자나 노인이나 어른이나 아이나 남자나 여자나 건강한 자나 건강하지 않은 자나 선한 자나 악한 자 모두 함께 찬양해야 한다.

C. 메시지 및 나가는 말

　시편 148편은 우리가 다 함께 불러야 할 찬양의 노래이다. 이 노래는 온 우주와 땅에 존재하는 모든 피조물과 인간이 어우러져 주님을 찬양할 것을 명하고 있다. 인간에 의해 마구잡이로 훼손된 상처 난 하늘과 땅도 하나님을 찬양해야 할 존재이므로 우리의 무모한 행동을 그대로 방관할 수 없다. 하나님께서 창조하신 다른 피조물 - 산과 물, 나무, 돌, 개구리, 새 등 - 도 우리와 더불어 그들의 원래 자리에서 즐겁게 하나님을 찬양할 수 있도록 해야 한다. 무엇보다 우리 주변의 모든 사람들, 노인이나 젊은이 남자나 여자, 높은 자나 낮은 자, 권력자나 약한 자, 부유한 자나 가난한 자, 소년소녀 가장, 결손가정의 자녀들, 기독교인이나 비기독교인 모두 주님의 오심을 찬양할 수 있도록 우리 마음과 공간의 빗장을 활짝 열어젖혀야 한다. 이들 모두 한자리에 모여 주님을 찬양할 수 있도록 해야 한다. 미처 참여하지 못한 사람들을 주님께서 기다리고 계시며, 그들이 모두 함께 부를 온전한 찬양을 기대하신다.

　하나님을 찬양하고 그의 이름을 영화롭게 하는 일은 인간만이 누릴 특권도 권한도 아니다. 우리의 욕심과 이기심이 설 자리가 없다. 자기 자신 안으로만 파고드는 폐쇄적이고 배타적인 태도가 아니라 주님을 찬양하고 기뻐하는 일에서 소외되고 뒤쳐지는 주님의 어떤 피조물도 없도록 살펴보아 시편 148편의 노래처럼 온전한 찬양을 드려야 할 것이다. 만일 우리의 찬양이 우리만의 잔치일 때 이는 하나님 앞에서 미처 다 부르지 못한 찬양이 될 것이다.

참고문헌

김이곤. 『구약성서의 신앙과 신학』. 오산: 한신대학교출판부, 1999.

김정우. 『시편주석』 I. 서울: 총신대학교출판부, 2005.

김창선. 『쿰란문서와 유대교 - 중요 유대 문헌을 중심으로 한 유대학 입문』. 서울: 한국성서 학연구소, 2002.

민영진. 『국역성서연구』. 서울: 성광문화사, 1984.

박동현. 『순례시에 관한 주석적 연구: 시 122편을 중심으로』. 서울: 장로회신학대학출판부, 1981.

영원한 도움 성서연구소 편. 『시서와 지혜서』. 서울: 성서와 함께, 2007.

차준희. 『시편 신앙과의 만남』. 서울: 대한기독교서회, 2004.

천사무엘. 『사해사본과 쿰란 공동체』. 서울: 대한기독교서회, 2004.

Abegg, Jr., Martin, Peter Flint, and Eugene Ulrich. *The Dead Sea Scrolls Bible: the Oldest Known Bible*. San Francisco: HarperSan Francisco, 1999.

Alter, Robert. *The Art of Biblical Poetry*. New York: Basic Books, 1985.

Anderson, Bernhard W. *Out of Depths - The Psalms Speak for Us Today*. 노희원 역. 『시편의 깊은 세계』. 서울: 대한기독교서회, 1997.

Archer, Jr., Gleason. *A Survey of Old Testament Introduction*. Chicago: The Moody Bible Institute, 2007.

Auvray, Paul. *Les Psaumes*. 서인석 역주. 『시편은 시인 예수 그리스도의

노래』. 왜관: 분도출판사, 1973.

Bellinger, Jr., W. *Psalms: Reading and Studying the Book of Praises*. Massachusetts: Hendrickson, 1992.

_______________. "Psalm xxvi: A Test of Method." *VT* 43 (1993), 452 − 61.

_______________. *A Hermeneutic of Curiosity and Reading of Psalm 61*. Macon, Ga.: Mercer University Press, 1995.

Berlin, A. *The Dynamics of Biblical Parallelism*. Bloomington: Indiana University Press, 1985.

Berry, D. *The Psalms and Their Readers*. Sheffield: Sheffield Academic Press, 1993.

Briggs, C. A. *A Critical and Exegetical Commentary on the Book of Psalms*. ICC. Edinburgh: T&T Clark, 1906, 1976.

Brueggemann, Walter. *Israel's Praise: Doxology against Idolatry and Ideology*. Philadelphia: Fortress, 1988.

_______________. *Abiding Astonishment*. Louisville: Westminster/John Knox, 1991.

_______________. *The Psalms and the Life of Faith*. Minneapolis: Fortress, 1995.

_______________. *Worship in Ancient Israel − The Essential Guide*. Nashville: Abingdon Press, 2005.

Bullock, C. Hassel. *An Introduction to the Old testament Poetic Books*. 임영섭 역.『시가서 개론』. 서울: 은성, 1999.

Ceresko, A. R. "Janus Parallelism in Amos's Oracles against the Nations (Amos 1:3 − 2:16)." *JBL* 113/3 (1994), 485 − 93.

Childs, B. S. "Psalm Titles and Midrashic Exegesis." *JSS* 16 (1971): 137 − 150.

_______________. *The Book of Exodus*. Philadelphia: Westminster Press, 1974.

_______________. *Introduction to the Old Testament as Scripture*. Philadelphia: Fortress Press, 1979.

Clements, Ronald E. *A Century of Old Testament Study*. 강성렬, 문동학 공역.『구약성서해석사』. 서울: 나눔사, 1988.

______________. "Psalm 72 and Isaiah 40－66: A Study in Tradition." *Perspectives in Religious Studies* 28 No.4. (winter 2001): 333－41.

Collins, T. "Line－Forms in Hebrew Poetry." *JSS* 23 (1978), 228－44.

______________. *Line－Forms in Hebrew Poetry: A Grammatical Approach to the Stylistic Study of the Hebrew Prophets*. StPohl: Series Major 7. Rome: Pontifical Biblical Institute, 1978.

Craigie, Peter C. *Psalms 1－50*. 손석태 역. 『시편 1－50』. WBC 19. 서울: 솔로몬, 2000.

Croft, S. J. L. *The Identity of the Individual in the Psalms*. Sheffield: Sheffield Academic Press, 1987.

Dahood, M. *Psalms Ⅰ: 1－50*. New York: Doubleday, 1979.

______________. *Psalm Ⅱ 51－100*. New York: Doubleday, 1983.

Day, John. *Psalms*. 노희원 역, 『시편개론』. 서울: 도서출판 은성, 1996.

deClasisse－Walford, N. L. *Reading from the Beginning: The Shaping of the Hebrew Psalter*. Macon, Ga.: Mercer University Press, 1997.

Denski, Aaron, and Moshe Kochavi. "An Alphabet from the Days of the Judges." *BAR* 4/3 (September/October, 1978), 23－31.

Fisch, Harold. *Poetry with a Purpose: Biblical Poetics and Interpretation*. Bloomington: Indiana University Press, 1988.

Flint, P., and P. Miller, Jr. *The Book of Psalms*. Leiden: E. J. Brill, 2005.

Freedman, David Noel. "Acrostics and Metrics in Hebrew Poetry." *HTR* 65 (1972): 369－92.

______________. "Acrostic Poems in the Hebrew Bible: Alphabetic and Otherwise." *CBQ* 48 (1986): 408－31.

Gerstenberger, E. *Psalms. Part 1 with an Introduction to Cultic Poetry*. Grand Rapids: William B. Eerdmans Publishing Company, 1988.

Gesenius' Hebrew and Chaldee Lexicon. Michigan: Eerdmans, 1980.

Gunkel, Hermann. *The Psalms: A Form－Critical Introduction*. Philadelphia: Fortress Press, 1967.

______________. *Psalms*, Mercer University Press, 1998.

Holladay, William L. *The Psalms through Three Thousand Years － Prayerbook of a Cloud of Witness*. Minneapolis: Fortress Press, 1993, 1996.

Homan, M. J. "A Comparative Study of the Psalter in the Light of 11QPsa." *WTJ* 40 (1977/78): 116 – 29.

Jobling, David. "Deconstruction and the Political Analysis of Biblical Texts: A Jamesonian Reading of Psam 72." *Semeia*. No.59 (1992), 95 – 127.

Jones, I. H. "Musical Instruments." *ABD* Ⅳ, 934 – 39.

Keil, C., and F. Delitzsch. *Commentary on the Old Testament*. Vol.5. *Psalms*. 『시편 상』. 서울: 기독교문화출판사, 1987.

Kidner, Derek. *Psalms 1 – 72: An Introduction and Commentary on Books Ⅰ and Ⅱ of the Psalms*. TOTC. Downers Grove: Inter – Varsity Press, 1973.

Kirkpatrick, A. *The Book of Psalms*. Cambridge: University Press, 1902.

Kraus, Hans – Joachim. *Psalmen 1 – 59*. BK. ⅩⅤ/1. Neukirchen – Vluyn: Neukirchener Verlag, 1978.

__________________. *Psalms: a Commentary: Psalms 60 – 150*. Minneapolis: Augsburg, 1988.

__________________. *Psalms 1 – 59. A Continental Commentary*. Minneapolis: Fortress press, 1993.

__________________. *Theologie der Psalmen*. 신윤수 역. 『시편의 신학』. 서울: 비블리카 아카데미아, 2004.

Kugel, J. *The Idea of Biblical Poetry: Parallelism and Its History*. New Haven: Yale University Press, 1981.

________. "Some Thoughts on Future Research into Biblical Style: Addenda to The Idea of Biblical Poetry." *JSOT* 28 (Fall 1984), 107 – 17.

Levine, H. *Sing unto God a New Song*. Indianapolis: Indiana University Press, 1995.

Limburg, J. "Psalms of Book." *ABD* Ⅴ, 522 – 33.

Longman, Ⅲ., Tremper. "A Critique of Two Recent Metrical Systems." *Biblica* 63 (1982), 230 – 54.

__________________. *How to Read the Psalms*. 한화룡 옮김, 『어떻게

시편을 읽을 것인가?』. 서울: IVP, 1989.

___________________. and R. B. Dillard. *An Introduction to the Old Testament*. 2nd ed. Grand Rapids: Zondervan, 2006.

Martinez, F. *The Dead Sea Scrolls Translated*. Leiden: E. J. Brill, 1994.

Meshel, Ze'ev. "Did Yahweh have a Consort." *BAR* 5/2 (March/April 1979), 24 – 34.

Mitchell, D. *The Message of the Psalter: An Eschatological Programme in the Book of Psalms*. Sheffield: JSOT press, 1997.

Mowinckel, S. *The Psalms in Israel's Worship* Ⅰ. Nashville: Abingdon, 1962.

Mowinckel, S. *The Psalms in Israel's Worship* Ⅲ. Nashville: Abingdon, 1962.

O'Connor, M. *Hebrew Verse Structure*. Winona Lake: Eisenbrauns, 1980.

Paul, S. M. "Psalm 72:5 – A Traditional Blessing for the Long Life of the King." *JNES* 31/4 (1972), 351 – 55.

Peins J. *The Psalms: Songs of Tragedy, Hope and Justice*. Maryknoll, N.Y.: Orbis, 1993.

Peterson, David L., and Kent Harold Richhards. *Interpreting Hebrew Poetry*. Minneapolis: Fortress Press, 1992.

Prévost, Jean – Pierre. *A Short Dictionary of the Psalms*. 이기락 역. 『시편의 작은 사전』. 서울: 가톨릭출판사, 1997.

Rad, G. von. *Old Testament Theology* Ⅰ. London: SCM, 1975.

Rahlfs, A. *'ani und 'anav in den Psalmen*. Göttingen: Dieterich, 1892.

Reid, S. Breck. *Listening in: A Multicultural Reading of the Psalms*. Nashville: Abingdon, 1997.

Ringgren, H. *The Faith of the Psalmists*. 김정준 역. 『시편의 종교』. 서울: 대한기독교출판사, 1978.

Sanders, J. A. *The Psalms Scroll of Qumran Cave* 11(11QPsa). Oxford: Clarendon Press, 1965.

_____________. "Variorum in the Psalms Scroll (11QPsa)." *HTR* 59 (1966): 83 – 94.

__________. ed. *The Dead Sea Psalms Scroll.* Ithaca: Cornell University Press, 1967.

Schökel, L. A. *A Manual of Hebrew Poetics.* Rome: Pontifical Biblical Institute, 1988.

Seybold, Klaus. *Die Psalmen.* 이군호 역.『시편입문』. 서울: 대한기독교서회, 1995.

Tate, Marvin E. *Psalms 51 – 100.*『시편 51 – 100』. WBC 성서주석. 서울: 솔로몬, 2001.

Thirtle, J. W. *The Titles of the Psalms.* New York: Henry Frowde, 1905.

Vogt, E. "Psalm 26: ein Pilgergebet." *Biblica* 43 (1962), 328 – 37.

Watson, Wilfred G. E. *Classical Hebrew Poetry.* JSOTSup 26. Sheffild: JSOT Press, 1984.

Weiser, Artur. *The Psalms.* OTL. London: SCM Press, 1971.

Werner, E. "Music and Musical Instruments." *IDB.* Vol.3, 457 – 76.

Westermann, Claus. *Praise and Lament in the Psalms.* Atlanta: John Knox, 1981.

__________. *The Psalms – Structure, Contents, and Message.* 노희원 옮김.『시편 해설 – 시편의 구조, 주제, 메시지』. 서울: 도서출판 은성, 1996.

Wilson, Gerald H. *The Editing of the Hebrew Psalter.* SBLDS 76. Chico: Scholars Press, 1985.

__________. "The Use of Royal Psalms at the 'Seams' of the Hebrew Psalter." JSOT 35. Sheffild: JSOT Press.

Würthwein, Ernst. *The Text of the Old Testament – An Introduction to the Biblia Hebraica.* Grand Rapids, Michigan: William B. Eerdmans Publishing Co., 1979.

Young, G. D. "Semantic Metrics and the Ugaritic Evidence." *The Bible Today* (February 1949), 150 – 55.

Zimmerli, W. *Old Testament Theology in Outline.* Atlanta: John Knox, 1978.

김태훈 ────────────────────────────────────

▮ 약력 및 주요 저 · 역서

Graduate Theological Union(Ph. D.)

−*Assyrian Historical Inscriptions and the Syro-Palestinian States in the Eighth-Seventh Centuries BCE* (Jeonju: Hakyesa, 2005).

−*Marvin L. Chaney, Biblical Israel through an Agrarian Lens: Essays on Religion and Society in Old Testament History, Literature and Interpretation*, 우택주, 김태훈 외 역,

−『농경사회 시각으로 바라본 성서 이스라엘: 구약성서의 종교와 사회의 역사, 문학해석』(서울: 한들출판사, 2007).

이종록 ────────────────────────────────────

▮ 약력 및 주요 저서

장로회신학대학교 대학원(신학박사)

−『말씀 삶 해석』(서울: 한국성서학연구소, 2006).

−『인간의 역사 하나님의 역사』(서울: 한국프리칭아카데미, 2008).

−『삶으로 읽는 성서 성서로 이루는 삶』(파주: 한국학술정보, 2008).

채은하 ────────────────────────────────────

▮ 약력 및 주요 저 · 역서

장로회신학대학교 대학원(신학박사)

−『전도서에 나타난 속담의 수사학적 기능 연구』(파주: 한국학술정보, 2008).

−『세상에 조연은 없다』(공저)(파주: 한국학술정보, 2008).

− W. Brown 저, 채은하 역, 『전도서』(서울: 장로교출판사, 2006).

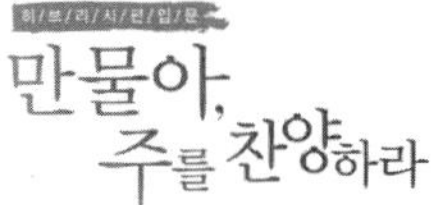

만물아, 주를 찬양하라

초판인쇄 | 2009년 3월 25일
초판발행 | 2009년 3월 25일

지은이 | 김태훈 · 이종록 · 채은하
펴낸이 | 채종준
펴낸곳 | 한국학술정보㈜
주　소 | 경기도 파주시 교하읍 문발리 513-5 파주출판문화정보산업단지
전　화 | 031) 908-3181(대표)
팩　스 | 031) 908-3189
홈페이지 | http://www.kstudy.com
E-mail | 출판사업부　publish@kstudy.com

등　록 |
가　격 | 25,000원

ISBN　978-89-534-1385-6 93230 (Paper Book)
　　　　978-89-534-1386-3 98230 (e-Book)

내일을여는지식 은 시대와 시대의 지식을 이어 갑니다.